p. 06
Manifeste

p. 10
Le musée des boss

p. 20
Dico boss : "Boss"

p. 24
Box-office :
Quand « ambition » rencontre « confiance en soi »

Mani-feste

Il est temps de changer
de mentalité !
Les femmes ne sont pas nées
pour briller.
Arrêtons de croire qu'aujourd'hui
elles sont les égales des hommes !
Comme on peut le voir
au quotidien, la place
des femmes est principalement
à la maison à s'occuper
des enfants, à faire la cuisine
et à vider le compte en banque
de leur mari.

On perd la tête si on pense que
les femmes sont puissantes,
douées d'intelligence, d'envie
et de capacités pour prendre
le pouvoir de leur vie.
Après tout, c'est vrai,
les hommes sont plus
intelligents que les femmes.
Finissons-en avec cette idée que
les femmes, l'ambition
et la confiance en soi vont
parfaitement ensemble !

Quoi ?

Je vous sens
plutôt étonnées,
voire abasourdies.
Et pourtant, moi,
je suis complètement
d'accord. Je dirais
même : J'approuve
ce manifeste !
Ne soyez donc pas
choquées et lisez-le
plutôt à l'envers.
Allez, essayez !

Les femmes, l'ambition
et la confiance en soi vont
parfaitement ensemble !
Finissons-en avec cette idée que
les hommes sont plus intelligents
que les femmes.
Après tout, c'est vrai,
les femmes sont puissantes, douées
d'intelligence, d'envie
et de capacités pour prendre
le pouvoir de leur vie.
On perd la tête si on pense
que la place des femmes est
principalement à la maison
à s'occuper des enfants,
à faire la cuisine et à vider
le compte en banque
de leur mari.
Comme on peut le voir
au quotidien, elles sont les égales
des hommes !
Arrêtons de croire qu'aujourd'hui
les femmes ne sont pas nées
pour briller.
Il est temps de changer
de mentalité !

C'est mieux comme ça ?
Vous voyez où je veux en venir ?

« On ne voit pas les choses telles qu'elles sont, mais on les voit telles que nous sommes. »
Anaïs Nin

C'est toujours comme ça !
Dans chaque situation, tout n'est qu'une question de point de vue, d'appréhension, de compréhension, d'appropriation de la situation.
Et j'annonce le programme : ça va être là tout l'objet de ce livre ! Essayer de donner un regard positif et puissant sur tout ce que nous sommes et sur tout ce qui nous arrive. Sur soi, son corps, son cœur et son esprit, son ambition ou encore sur l'avenir. Transformer ses peurs en moteur, ses aspirations en réalité, ses espoirs en avenir.

Alors, parées à devenir la boss de votre vie ?

Mais, attendez... J'en oublie presque les bonnes manières, laissez-moi me présenter.

Bonjour, je m'appelle Melody Madar, j'ai 33 ans et je suis une boss.
Dit comme ça, ça pourrait paraître prétentieux. Bien au contraire. Nous sommes toutes des boss et ce livre est justement là pour nous en persuader.

Je suis la cofondatrice du média « Les Éclaireuses », qui met en lumière toutes les femmes. Un média qui rassemble aujourd'hui une communauté de plus de 8 millions de femmes partout en France. Durant mes huit ans d'entrepreneuriat, j'ai donné la parole à de véritables Lionnes. Pas des prédatrices capables d'éliminer toutes celles et tous ceux qui se trouvent sur leur chemin. Loin de là. Celles qui ont un esprit et un cœur ouvert. Celles qui sont ambitieuses, positives et inspirées. Celles qui suivent leur instinct et font confiance à leurs tripes. Celles pour qui leurs peurs sont des moteurs. Celles qui dans l'adversité puisent leur force. Celles qui rugissent devant l'injustice et les inégalités. Celles qui n'ont pas peur de faire entendre leur voix, quitte à devenir féroces.

Bref, celles qui dominent le monde, et par la même occasion le changent.

De chacune de ces rencontres, discussions, j'ai tiré des leçons, des outils, des élans de confiance et d'audace qui ont boosté ma confiance en moi et mon ambition, me permettant ainsi de me révéler en tant que boss. Mon but : les partager avec vous dans ces quelques pages.

Dans ce livre, j'ai eu l'honneur de réunir quelques-unes de ces femmes exceptionnelles et ambitieuses, afin qu'elles partagent avec vous leurs histoires personnelles, leurs réussites et leurs défis. En plus de nous faire part de leurs parcours, elles nous offrent également leurs précieux conseils, qui vous aideront à mieux comprendre comment elles ont réussi à dépasser certains obstacles et à s'imposer dans leurs domaines respectifs.

**APPRENDS
TOUJOURS
À REGARDER
LES CHOSE
D'UN POINT
DE VUE
DIFFÉRENT**

Le Musée des boss

Axelle Aimé & Dorothée Rubinski

Connaissez-vous Recc, la marque de prêt-à-porter de Caroline Receveur ? Parisienne et alors, celle de Laury Thilleman, ou encore Musier, d'Adenorah ?

Eh bien, elles ont toutes un point commun : celui de collaborer avec It-collection, une société créée par Axelle et Dorothée. Après de nombreuses années dans l'industrie de la mode et du textile, les deux amies décident d'inventer un concept inédit en France : créer des marques de mode pour des personnalités suivies sur les réseaux sociaux. Elles sont parties d'un constat simple, celui que les modes de consommation avaient changé et que les femmes étaient plus attachées à une personnalité qu'à une marque. L'idée était donc de capitaliser sur leur capacité à fédérer autour de ces personnalités pour transformer leurs *followers* en clientes. Pari gagné ! Aujourd'hui, toutes les marques qu'elles ont lancées cartonnent. Un véritable duo de boss !

Carole Juge-Llewellyn

Carole, c'est l'entrepreneuse au parcours atypique et inspirant. Passionnée de théâtre et de littérature, elle mêle ses deux passions en entamant une carrière comme professeure à l'université et comme comédienne pour le cinéma et le théâtre. Mais après une chute de cheval qui l'immobilise durant plusieurs mois, elle se lance dans une première aventure entrepreneuriale : un réseau social pour parents. Échec. Le projet s'arrête au bout de deux ans, mais lui permet d'identifier une nouvelle passion : l'entrepreneuriat.

Après avoir découvert qu'il n'existait presque aucune réglementation sur les couches, Carole décide de remédier à ce problème en lançant une nouvelle start-up, Joone, une marque de couches écoresponsable qui propose désormais une multitude d'autres produits d'hygiène pour toute la famille. Grâce à des articles 100 % transparents et traçables, elle a su séduire des dizaines de millions de jeunes parents en quête de produits sains, *made in France* et de qualité.

Carole fait aussi partie des 40 femmes les plus influentes selon le magazine *Forbes*, des 10 femmes à suivre selon SISTA et des personnalités du 100 Choiseul. Rien que ça !

Clémence Coghlan

Aller au travail avec la boule au ventre, ne pas se sentir à sa place, ne plus être épanouie, voici des situations dans lesquelles se retrouvent beaucoup d'entre nous.

Clémence, c'est celle qui aide à choisir et à trouver la voie professionnelle dont on a toujours rêvé sans avoir peur de sauter le pas. Vous l'aurez compris, la boss de la reconversion, c'est elle ! Et d'ailleurs, des reconversions, elle en a elle-même fait deux. Une en passant du monde de la finance à l'entrepreneuriat et l'autre au sein même de sa propre entreprise.

Cristina Cordula

Ai-je vraiment besoin de présenter la conseillère en image la plus connue de France ? Mais avant que son « Tu es magnifaik ma chérieeeeee ! » devienne presque notre hymne national, Cristina a su oser et se réinventer. Reconversion après sa carrière dans le mannequinat, recalée par M6 à cause de son accent, Cristina se dévoile et nous livre ses précieux conseils.

Clémentine Galey

Elle est maman de deux enfants, mais aussi de Bliss, le podcast référent en France sur la maternité sans filtre.

Après une belle carrière chez TF1, elle décide à 40 ans de tout plaquer et de se reconvertir dans l'univers du podcast. Son mantra : « Le savoir, c'est le pouvoir ! » Avec Bliss, elle répond avec bienveillance et connivence au besoin urgent d'informer et d'accompagner les futurs parents, tout en mettant en lumière les bouleversements qu'ils s'apprêtent à vivre. En parallèle des centaines de milliers d'écoutes par épisode chaque semaine, Clémentine continue de faire évoluer Bliss avec des spectacles uniques. Elle a même fait l'Olympia en 2023... Bref, Clémentine est clairement notre Beyoncé de la maternité !

Disruptive Beauté

Anna, alias Disruptive Beauté, est une créatrice de contenu passionnée, qui a choisi de partager son expérience avec une approche authentique et positive de la beauté.

En effet, atteinte d'alopécie, une condition entraînant dans son cas la perte totale de cheveux et de poils, elle a décidé d'utiliser les réseaux pour sensibiliser les femmes à cette maladie et pour promouvoir l'acceptation de soi et la diversité.

Grâce à sa persévérance, son courage et sa bienveillance, Disruptive Beauté est devenue une source d'inspiration et de soutien pour de nombreuses personnes, prouvant ainsi qu'il est possible d'avoir une vie épanouissante et heureuse, même avec l'alopécie.

Kelly Massol

Passer de sa cuisine à une entreprise qui génère des dizaines de millions de chiffre d'affaires, le ton est clairement donné par Kelly Massol, la fondatrice de la marque de produits capillaires naturels pour cheveux texturés : Les secrets de Loly.

Savez-vous que 6 femmes sur 10 ont les cheveux frisés, bouclés ou ondulés ? Pourtant, si on se balade dans les rayons d'un supermarché, l'offre est consacrée principalement aux femmes aux cheveux lisses ! Véritable entrepreneuse dans l'âme, Kelly décide alors d'apporter une solution à ce problème. Complètement autodidacte en formulation cosmétique, elle bidouille seule dans sa cuisine, se forme sur le tas et commence à créer ses propres produits capillaires. Banco ! Ses produits ont conquis le cœur de milliers de clients et clientes à travers le monde. Aujourd'hui, elle possède un véritable empire de la beauté évalué à plus de 50 millions d'euros.

Au-delà de la création de produits innovants et performants, Kelly s'est également engagée à promouvoir l'acceptation et la valorisation de la beauté naturelle en invitant chacune et chacun à embrasser et à célébrer son corps et son identité. Un véritable modèle de force, de résilience et de détermination.

Elsa Wolinski

Fille de la journaliste et romancière Maryse Wolinski et du célèbre dessinateur Georges Wolinski, tragiquement assassiné lors de l'attentat contre *Charlie Hedbo*, Elsa Wolinski est une femme aux mille et une casquettes. Journaliste, écrivaine et entrepreneuse, elle est aussi une personnalité très engagée pour la liberté d'expression, la défense des valeurs démocratiques et l'égalité femme-homme.

Grâce à sa sensibilité et à son expérience personnelle, elle apporte dans ce livre un éclairage unique et sincère.

Sarah Yakan

Passionnée de lecture et d'écriture, Sarah décide en 2015 de créer son propre média Femme d'Influence, celui qu'elle aurait rêvé de lire plus jeune. Un média qui encourage l'émancipation des femmes noires, qui parle de développement personnel, de pouvoir, d'argent, d'entrepreneuriat, mais aussi de relations. Finalement, un média qui touche aussi bien à l'épanouissement professionnel que personnel. Ses contenus motivants, puissants et d'avant-garde ont très vite séduit toutes les femmes, et rassemblent aujourd'hui plus de 3 millions de *followers* sur les réseaux sociaux.

Hapsatou Sy

Célèbre animatrice et chroniqueuse française, Hapsatou est une véritable serial-entrepreneuse ! Depuis ses 24 ans, elle enchaîne les créations d'entreprises : salon de beauté, mode, cosmétiques, événementiel... Cette passionnée ultra-active vit sa vie à mille à l'heure sans avoir peur d'échouer. Dans ce livre, elle nous parle de ses réussites mais aussi de ses échecs pour nous aider à les démystifier et à les dédramatiser.

Justine Hutteau

Justine, c'est la figure emblématique de l'entrepreneuriat responsable et engagé (et aussi une boule d'énergie qui vit une existence à mille à l'heure avec toutes ses activités sportives). Ayant été confrontée à des problèmes de santé liés aux produits d'hygiène, Justine a décidé de créer sa propre gamme de produits naturels et respectueux de l'environnement, Respire, révolutionnant ainsi le secteur de la beauté.

Louise Aubery

Alias My Better Self, cette créatrice de contenu engagée, podcasteuse, entrepreneuse avec sa marque de lingerie écoresponsable Je ne sais quoi, est une femme aux multiples ressources et ambitions, qui a conquis le cœur de millions d'abonnés. Au fil des années, My Better Self est devenu bien plus qu'un simple compte sur les réseaux sociaux. C'est un véritable mouvement qui incite à la réflexion et à l'action en faveur d'un monde plus juste, inclusif et durable. Louise utilise chaque jour sa notoriété pour soutenir des causes qui lui tiennent à cœur. On adore et on respecte !

Julie Chapon

Je vous présente l'entrepreneuse qui a su révolutionner la vie de dizaines de millions de personnes : Julie Chapon, la cofondatrice de l'application Yuka. Vous savez, cette appli (assez addictive) qui permet de scanner tout ce qui est sur notre passage dans un supermarché, nous permettant ainsi de connaître et de comprendre tous les composants des produits que l'on consomme ?

Eh bien, tel un David contre Goliath, cette petite application française devenue grande a réussi à faire plier les géants de l'agroalimentaire et de la cosmétique, qui, aujourd'hui, modifient la composition de nombre de leurs produits afin de nous offrir à nous, consommateurs, un catalogue de produits plus sains pour notre santé.
Avoir un impact positif sur le monde, c'est clairement la mission et la passion de Julie Chapon.

Laure Cohen

C'est LA coach en communication : de la prise de parole en public à la connaissance de soi en passant par la communication avec les autres. Elle a mis en place une méthode qui s'appelle le « Cercle vertueux », qui permet de devenir la meilleure version de soi-même. Dans ce livre, elle partage ses meilleures techniques.

P-S : Vous l'avez peut-être connue dans une autre vie sous le nom de Koxie ! Eh oui, la célèbre chanson « Garçon si t'enlèves la cédille, ça fait gar-con et gare aux cons ma fille... », c'est elle... (Ça y est, je sais que je vous l'ai mise dans la tête !)

Laury Thilleman

Est-ce vraiment utile de vous présenter une femme que vous devez toutes connaître, vu qu'elle a été notre Miss France 2011 ? Il est loin, le temps où les Miss France étaient simplement des femmes-objets. Aujourd'hui, ce sont des femmes-sujets, qui ont des choses à dire, à faire et qui portent des valeurs fortes. Laury, c'est une Queen pour moi : journaliste télé, créatrice de contenus, mannequin, sportive, auteure et entrepreneuse à succès. Tout ce qu'elle touche et entreprend se transforme en succès !

La fille qui a des taches

Julie est une créatrice de contenu inspirante et authentique, qui a su conquérir le cœur de nombreux abonnés grâce à son message d'amour-propre et d'acceptation de soi. Julie est née avec des angiomes qui recouvrent 70 % de son corps, d'où son surnom « La fille qui a des taches ». Plutôt que de se laisser définir par cette particularité, elle a choisi de l'embrasser et d'en faire une force. Sur les réseaux, elle partage alors son quotidien, ses réflexions et ses conseils avec une honnêteté et une sensibilité qui touchent et encouragent chacune à s'accepter telle qu'elle est.

Shanty Baehrel

Je vous présente la Bisqueen ! Venant d'une famille de mormons, Shanty est une femme qui est partie de rien et qui a construit toute seule sa célèbre marque de biscuits personnalisés Shanty Biscuits, suivie aujourd'hui par des centaines de milliers de personnes sur les réseaux sociaux. Ne venant pas du tout du monde de l'entrepreneuriat, Shanty a longtemps été habitée par le syndrome de l'imposteur. Dans ce livre, elle nous raconte comment elle a réussi à s'en détacher et à prendre confiance en elle.

Lalaa Misaki

Ne rentrant pas dans les « standards de beauté » dictés par les magazines et la société, pendant plusieurs années, Lalaa n'a pas toujours eu confiance en elle. Mais le séisme d'Haïti en 2010, auquel elle a survécu, a été un électrochoc. Elle comprend que la vie est bien trop courte et précieuse pour la passer en étant mal dans sa peau.

C'est à ce moment-là qu'elle commence à entamer ce long processus qu'est l'acceptation de soi, l'estime de soi et l'amour de soi. Elle décide alors en 2014 de lancer son blog mode, déconstruisant cliché après cliché. Très vite, les marques viennent à elle pour entamer sa carrière de mannequin grande taille et de créatrice de contenus *body positive* et *self-love addict*, suivie par des centaines de milliers de personnes.

Émilie Daudin

Si Émilie, alias The Brunette sur Instagram, a été l'une des premières à se lancer dans le monde des blogs en 2007, elle a toujours su s'adapter pour rester au plus près de sa communauté. Attachée de presse de métier, elle compose entre son blog et son job à plein temps pendant presque dix ans, avant de se consacrer à sa vie d'entrepreneuse il y a cinq ans. Podcasteuse, auteure d'un livre, toujours connectée sur les réseaux sociaux pour partager ses conseils de maman, modeuse et femme tout simplement, Émilie est une boss qui ne cesse de se lancer de nouveaux challenges.

À 33 ans, elle fait face à la plus grande épreuve de sa vie : la maladie. On lui diagnostique un cancer du sein triple négatif qu'elle réussira à vaincre en deux ans. Une femme héroïque qui nous raconte son combat.

Les présentations sont faites. Mais, avant de passer à la suite, je dois vous avouer quelques petites choses. Durant l'écriture de ce livre s'est posée la question de la narration. Comment j'allais pouvoir, moi, vous parler à vous ?

Je ne savais pas si je devais dire « je » ou « vous » ou encore « nous ». Après tout, c'est un livre où je mets beaucoup de moi. D'un autre côté, j'ai toujours eu à cœur de mettre mon énergie au service des femmes. Ici, je leur donne la plume. Parfois je les cite, d'autres fois je les prends pour exemple. Finalement, ce n'est pas que mon histoire, c'est aussi la leur et peut-être, voire sûrement, la vôtre. Alors ce « je », c'est aussi un peu (beaucoup) « vous » et « nous ». C'est un bout d'histoire que l'on écrit ensemble.

Que ce soit à travers moi, elles, vous, nous, tout ce que je voulais dans ce livre, c'était prouver aux femmes et aux filles que... c'est qui la boss ? C'est vous !

Mais, au fait, c'est quoi, une boss ?
Pour ne pas se laisser happer par les préjugés qui pourraient l'entourer et donner le plus de définitions possible à ce terme, j'ai demandé à nos boss leur avis !

**CE LIVRE,
CE N'EST PAS QUE
MON HISTOIRE,
C'EST AUSSI
CELLE DE TOUTES
CES FEMMES,
ET PEUT-ÊTRE
SÛREMENT
LA VÔTRE.**

Dico boss ''BOSS''

Cristina Cordula

« Une boss, ma chérie, c'est une femme qui sait ce qu'elle veut et qui a confiance en elle, tout simplement ! »

Louise Aubery

« C'est le synonyme du mot unapologetic, *qui veut dire : qui ne s'excuse pas d'être qui elle est. Pour moi, c'est ça une boss, une femme badass, qui ne s'excuse pas d'être là, d'être qui elle est, comme elle est. Bref, une femme qui n'a pas peur d'être elle-même. »*

Lalaa Misaki

« C'est une meuf qui n'a que faire de ce que les gens pensent ! C'est celle qui se réveille chaque matin et qui ose être qui elle veut être ! »

Sara Yakan

« Une femme qui, par ce qu'elle est et par ce qu'elle fait, a un impact positif sur sa vie et sur celle des autres. »

Laury Thilleman

« Une boss, c'est une nana qui pose son clito sur la table ! Qui a de l'ambition, qui va au bout de ses envies et qui ne s'excuse pas d'être ce qu'elle est ou d'être là ! »

Clémentine Galey

« Une boss, c'est une locomotive ! Elle t'emmène dans un voyage, une direction, et en même temps elle sait transmettre aux autres wagons. Elle suscite l'inspiration et l'admiration. Elle sait transmettre ce qu'elle a dans les tripes, ce qui va te faire croire que rien n'est impossible et qu'ensemble on va forcément plus loin. »

Kelly Massol

« Une boss, c'est quelqu'un qui arrive à ramener les autres avec elle dans son plan, qui arrive à fédérer et, ça, la leçon, je l'ai comprise un peu tard. Arriver à avoir le moins de pertes possible sur le chemin, pour moi, c'est ça une boss. »

Hapsatou Sy

« Une boss c'est une femme libre ! Libre de vivre la vie qu'elle a choisie. Elle fait ce qu'elle veut, quand elle veut, où elle veut. Une boss ne rêve pas sa vie. Ça, c'est non ! Une boss, ça réalise ses rêves. »

Julie Chapon

« C'est une personne bienveillante ! Bienveillante avec elle-même et bienveillante avec les autres. »

Carole Juge-Llewellyn

« Une boss, c'est une personne qui inspire. Une femme qui porte une vision et qui fédère des personnes autour qui la suivent. »

Émilie Daudin

« Une boss, c'est une femme qui prend en main sa vie, qui prend ses propres décisions, qui crée son futur et qui fonce ! »

Justine Hutteau

« C'est une meuf ambitieuse qui n'a pas peur de tester, de tenter des choses. Si ça marche, elle continue, si ça ne marche pas, ce n'est pas grave, elle retente d'autres choses pour accomplir ses rêves. C'est aussi une personne qui sait s'entourer, qui accepte de ne pas savoir tout faire, ne pas vouloir faire les choses seule. »

Laure Cohen

« Pour moi, une boss, c'est une personne qui est actrice de sa vie et qui ne la subit pas. »

CHALLENGE

Écrivez, vous aussi, votre définition d'une boss – et n'y allez pas de main morte !

Et hop, pour finir, je vous glisse la mienne :

Le terme « boss » est souvent associé au business.
Pour moi, une boss, c'est certes une « patronne », mais c'est surtout la « patronne » de sa propre vie.
C'est une femme qui donne vie à ses envies, qui a des rêves plein la tête et qui met tout en œuvre pour les réaliser, quels qu'ils soient.
Elle prend sa place et n'attend pas que quelqu'un la lui donne.
Elle voit des opportunités partout plutôt que des obstacles, et à ses yeux les échecs ne sont que des chances pour s'améliorer. C'est une femme curieuse, persévérante, courageuse, pleine de résilience et désireuse de devenir la meilleure version d'elle-même. Finalement, une boss, c'est un état d'esprit.
Nous avons toutes une boss qui sommeille en nous, il suffit de la réveiller !

Quand on regarde toutes ces définitions, on comprend tout de suite qu'il y a UNE SEULE règle à suivre pour devenir une boss : **il n'y a pas de règle !** Pas de mode d'emploi, pas de modèle à suivre, à chacune d'entre nous de trouver sa propre formule pour être une boss. Une formule qui vous parle, qui vous convienne, qui soit proche de vos valeurs et de vos aspirations…
Ce livre est justement là pour ça. Vous guider, mais pas vous cloîtrer. Je veux plutôt ici partager des inspirations, des méthodes, des façons de voir les choses. Pas de principes, de *to-do lists* longues comme le bras, de méthodes point par point. Pas de pression, pas d'injonctions.
Terminer par le début, commencer par la fin. Sauter des chapitres, revenir sur l'un. C'est vous qui décidez. À vous de vous l'approprier. Ce livre est à la fois un voyage et une quête dans le *boss world*. Pourvu que vous en reveniez surpuissante !

Vous offrir les clés et les connexions nécessaires pour provoquer vos propres succès aussi bien personnels et que professionnels, voilà l'idée de ce livre !

Box-office

Quand « ambition » rencontre « confiance en soi »

Pause popcorn. Installez-vous bien confortablement dans votre fauteuil, mettez vos téléphones en silencieux, la séance de ciné va bientôt commencer. Au programme, un petit medley de nos anciens films et séries préférés.

Oui, avant de commencer la lecture de ce livre, je vous propose une petite projection personnalisée. Lorsqu'on regarde en arrière, on peut remarquer un schéma (quasi) récurrent dans la représentation des femmes ambitieuses sur les grands et petits écrans. Pendant des années, elles étaient dépeintes comme des femmes égoïstes, arrogantes et sans empathie, prêtes à tout pour réussir, quitte à dominer ou à écraser les autres sur leur passage...

Un exemple classique de ce stéréotype de la femme ambitieuse dans les années 1980 est celui d'Alexis Carrington dans la série *Dynastie*, interprétée par Joan Collins, ou encore plus récemment remis au goût du jour avec Nicollette Sheridan. Alexis était le symbole même de la femme d'affaires impitoyable et manipulatrice.

Autre décennie, autre série culte, *Melrose Place*, dans les années 1990, où l'on découvre la boss Amanda Woodward, encore une fois dépeinte comme autoritaire et carriériste, prête à tout pour atteindre ses objectifs professionnels, lui valant d'être souvent en conflit avec les autres personnages (Alison, Billy, Kimberley, Jo, Michael...).

Années 2000. Faisons un petit tour du côté du box-office, avec le fameux *Diable s'habille en Prada* et l'exemple emblématique de Miranda Priestly, éditrice en chef de la revue de mode *Runway*. Une figure intimidante et implacable, qui traite ses employés avec mépris et malversation, les poussant continuellement dans leurs retranchements.

Vous allez me dire qu'on ne peut pas se cantonner uniquement à ces petites présentations pour analyser chaque personnage et les réduire à un profil unidimensionnel, et vous avez raison. Elles sont toutes en réalité beaucoup plus complexes et profondes que ça. Elles ont, elles aussi, connu leurs moments de vulnérabilité, qui les rendent intéressantes et parfois même attachantes. Qui ne se souvient pas du petit clin d'œil de Miranda, à Paris, lorsqu'Andrea décide de tracer son propre chemin ? Ce qui prouve que derrière cette carapace se cache sans doute une femme sensible...
Mais, il faut bien l'avouer, elles sont loin d'être les rôles modèles que l'on a admirés.

Résultat : ce type de représentation a forcément contribué à renforcer les stéréotypes sexistes selon lesquels les femmes ambitieuses sont nécessairement froides, insensibles et cruelles...

Plus encore, ces représentations ont eu un impact sur la façon dont les femmes ambitieuses ont été perçues dans la société en général, et ont peut-être même contribué à freiner leur propre ambition. Aïe.

Continuons la projection... « Magneto Serge ! »

Adolescente, scotchée devant ma télévision, j'ai quand même vu, dans les années 2000 et 2010, apparaître de nouveaux personnages qui ont changé la vision que j'avais de la femme ambitieuse. Et ça, je le vaux sans aucun doute à la papesse des TV shows, j'ai nommé Shonda Rhimes et ses séries iconiques telles que *Grey's Anatomy*, *Scandal* ou encore *How to Get Away with Murder*, qui ont mis en scène des femmes fortes et ambitieuses, mais aussi vulnérables et empathiques. Des personnages comme Meredith Grey, Olivia Pope et Annalise Keating, qui sont conscientes de leurs propres faiblesses et cherchent souvent à aider les autres.

Ces représentations plus nuancées ont été importantes pour moi, pour nous, afin de montrer que **l'ambition féminine n'est pas incompatible avec l'empathie et la compassion.** Des leaders inspirantes peuvent se soucier des autres et chercher à faire une différence dans le monde.

Oui, finalement, l'ambition au féminin, c'est loin d'être si naze que ça...

Quoi qu'il en soit, tous ces personnages de séries ou de films, que ce soit Alexis, Amanda, Miranda, Meredith, Olivia ou Annalise... ont tous un point commun. En plus d'être habitées par une ambition débordante, elles ont ce qu'on appelle une confiance en soi en béton.

L'ambition et la confiance en soi, c'est comme le lait et les cookies, le gin et le tonic, les popcorns (salés !) et le ciné, ou encore le quaterback et la pom-pom girl du lycée... ça va de pair ! Ces deux-là sont inséparables, ils forment un cercle vertueux qui peut transformer notre vie en un véritable succès du box-office.

Oui... **L'ambition**, c'est un peu comme ce quarterback qui se surpasse sans cesse sur le terrain pour emmener son équipe à la victoire. Une détermination sans limites pour toujours viser haut malgré l'adversité.

Pendant ce temps, **la confiance en soi** se tient là, comme une pom-pom girl qui vous encourage sans relâche, vous rappelant à quel point vous êtes géniale, que vous pouvez réussir tout ce que vous entreprenez. En gros, que vous êtes est une super boss !

Finalement, l'ambition et la confiance en soi forment un couple phare. Elles se nourrissent l'une de l'autre et s'épanouissent ensemble, tout en vous aidant à vous épanouir vous-même. Plus vous êtes ambitieuse, plus la confiance en soi vous soutient et vous encourage, et plus cette confiance grandit, plus votre ambition vous pousse à aller loin... Le cercle vertueux, quoi !

Eh bien, figurez-vous que ce sont justement les principales têtes d'affiche de ce livre.

Lumières ! La séance de ciné est, certes, terminée, mais certainement pas le scénario de votre vie.

En parcourant ces quelques pages, j'espère que vous apprendrez à dompter vos peurs, à embrasser vos rêves les plus fous et que vous vous découvrirez une passion insoupçonnée pour la vie, le succès et la réussite, qui vous poussera à réaliser l'impossible.

Alors, action ! Moteur, ça tourne !

UNE FEMME N'EST PAS
MAIS
CARRIÉRISTE
AMBITIEUSE
BUTÉE
DÉTERMINÉE
INDIVIDUALISTE
INDÉPENDANTE
INSENSÉE
VISIONNAIRE
MENAÇANTE
PUISSANTE
HYSTÉRIQUE
PASSIONNÉE
ARROGANTE
INTELLIGENTE

Sommaire

01

Confiance en soi

p. 31
Lettre à ma confiance en moi : à mon corps, mon cœur et mon esprit

p. 34
1. La potion magique de la confiance en soi

p. 38 Les ingrédients de la confiance en soi

p. 48
2. Wonder Woman ? C'est nous !
Power challenge : 4 power postures

p. 56
3. Dealeuse de self-love

p. 62 Dico boss : "Beauté"

p. 74
4. Rallumez votre lumière !

p. 76 Faire face à un gaslighter

p. 82
5. Une badass qui fait non, non, non !

p. 84 Comment devenir une badass qui fait non, non, non ?
Boss tips de Laure Cohen : Comment savoir dire non ?

p. 90 La badass qui fait non, non, non, de manière non violente

p. 92 La communication non violente

p. 96
6. Le passage du diamant

p. 101 Comment passer d'une croyance limitante à une croyance aidante ?
Power challenge : Affirmations positives

p. 110
7. Avis de tempête d'émotions

p. 113 Écoutons notre corps !

p. 116 Décryptons nos émotions

p. 118 Comment réagir à un gros choc émotionnel ?

p. 128
8. Promenade dans la galerie d'art de la vie

02
Ambition

p. 139
Lettre à mon ambition

p. 140 Dico boss : “Ambition”

p. 142
1. Jeune demoiselle recherche un job mortel
Power challenge : Ikigai

p.158
2. Décollage vers votre job mortel
Walk of femmes : reconversions

p. 162 Se libérer de la peur du changement grâce à la roue de Hudson

p. 168
3. Mains en l'air, imposteuse !

p. 172 Overdoing vs underdoing

p. 173 Syndrome de l'imposteur vs Humilité

p. 178
4. Échec et mat !

p. 182 Dico boss : “Échec”
Walk of femmes : échec

p. 192
5. La théorie du pif

p. 193 Pif ou pas pif ? Telle est la question

p. 195 La théorie du pif

p. 202
6. Queen de la procrastination : et alors ?

p. 204 Abolition de la procrastination : et pour quoi faire ?

p. 208 Les 5 décrets royaux pour être la Reine de la procrastination maîtrisée

p. 218
7. Parlons cash !

p. 221 Arrêtons avec la dépréciation de l'argent
Walk of femmes : argent

p. 224 Évaluons notre valeur, notre prix
Boss tips de Laure Cohen : Comment négocier son salaire ?

p. 228 Investir dans le meilleur placement : soi-même !

p. 230
8. Maternité vs Carrière : le combat

p. 244
9. Attention à la marche
Power Challenge : Ennéagramme

p. 256
10. La Clé de la réussite

p. 262 Dico boss : “Succès”

p. 268 Que dirais-tu à ton toi plus jeune ?

p. 270 ***Lettre à mon moi plus jeune***

01

Confiance en soi

Lettre à ma confiance en moi : à mon corps, mon cœur et mon esprit

Chère toi, chère moi, ou plutôt chères nous,

Il est temps qu'on se recentre sur nous. Je sais comme c'est difficile pour toi de t'aimer, de t'apprécier ou simplement d'accepter qui tu es au quotidien.
Tu vis dans une société remplie de paradoxes dans laquelle on prône l'amour de soi, mais où, en même temps, il ne faut pas trop s'aimer non plus au risque de passer pour une narcissique égocentrique. Tu passes alors ta vie à essayer de rentrer dans des cases ou encore dans des standards de beauté, à jongler entre ce que l'on attend de toi et ce que tu ressens.
Ne sois pas trop grosse. Ne sois pas trop mince.
Ne sois pas trop grande. Ne sois pas trop petite.
Couvre-toi. N'en montre pas trop. Mais reste sexy.
Cherche ta place. Ne prends pas trop d'espace.
Ne sois pas trop émotive. Arrête de surréagir. Souris davantage.
La liste est infinie.

Résultat : c'est clairement le bordel dans ta tête. Tu es perdue, tu doutes. Parfois, même, tu es en colère. Tu ne sais plus ce que tu veux, ce que tu vaux, qui tu es vraiment. Si tu t'aimes ou si tu te détestes. Si ce que tu ressens est « normal » ou pas. Tu te fais du mal pour te protéger parce que tu ne sais plus comment tout gérer.

Mais viens, on appuie sur pause. On se regarde, ensemble, toi, moi, nous, dans le miroir. Et on se dit, enfin, à travers ce chapitre, pardon et merci !

Pardon, mon petit corps, de t'avoir ignoré, insulté, maltraité, torturé, charcuté, matraqué de reproches violents. Je m'en veux d'avoir été incapable de voir ce que tu avais de beau, de t'avoir rendu laid, caché derrière des artifices et des vêtements disproportionnés. Je prends conscience que je ne sais même plus comment j'aurais aimé que tu sois... Pardonne-moi de t'avoir privé, puis de t'avoir gavé. De ne t'avoir jamais écouté. Pardonne-moi pour toutes les attaques externes et internes qui auraient bien pu te tuer.

Je ne te promets pas de tout aimer de toi, mais je dois au moins t'accorder l'intérêt, l'affection ou tout simplement le respect que tu mérites.

Merci, aussi, mon petit corps, d'avoir toujours été là pour moi. Tu le seras jusqu'au bout, jusqu'à la fin. Grâce à toi, je suis en mouvement, dans l'action, capable d'aller de plus en plus loin, car je sais que tu me soutiens.

Grâce à toi, j'entends, je vois, je goûte, je touche, je ressens toutes les saveurs de la vie.

Grâce à toi, j'ai ressenti la plus belle chose au monde, celle de sentir la vie battre au fond de moi. Deux fois, maintenant trois !

Grâce à toi, j'ai un cœur avec lequel je peux aimer.

La liste est de nouveau infinie. Alors merci pour tout ce que tu me fais vivre dans mon cœur et dans mon esprit. Oui, merci à vous aussi, mon cœur, mon esprit. D'avoir trop d'amour, trop de sentiments, trop d'émotions, trop d'idées, trop de sensations. De me faire sentir vivante finalement.

Merci d'être toujours trop tout, d'être trop vous !

Parfois, vous débordez, mais c'est tant mieux. Mieux vaut trop que pas assez. Maintenant, on va apprendre ensemble, dans ce chapitre, à savourer nos retrouvailles, à tous cohabiter et à se booster.

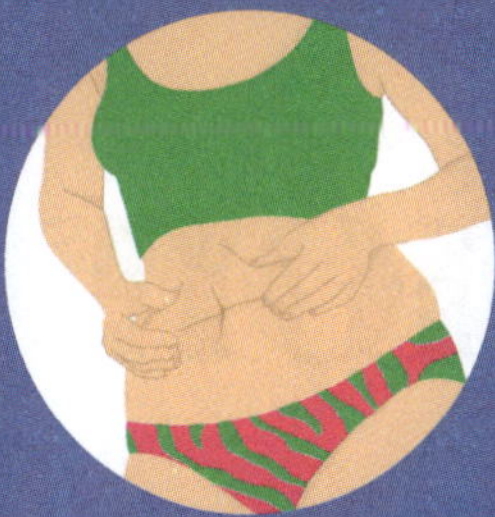

Chaque fois
que je commence à me sentir
mal dans mon corps…

je me rappelle
qu'il fait tellement pour moi :

Il m'a donné des papilles
pour savourer la nourriture…

un nez pour sentir
les bonnes odeurs…

des oreilles pour écouter
de la musique entraînante…

des yeux pour admirer
toutes les belles choses de la vie…

des mains pour carresser
des choses douces…

Et pour tout cela, il ne faut pas
oublier de le remercier !

1. La potion magique de la confiance en soi

« MIROIR, Ô MON BEAU MIROIR, DIS-MOI QUI EST LA MEILLEURE ?

- CERTAINEMENT PAS TOI, MA PETITE ! »

Face à notre reflet, nous sommes rarement douces avec nous-mêmes. Nous avons plutôt tendance à nous prendre pour l'incompétente et repoussante Maléfique plutôt que pour la battante et sûre d'elle Mulan. Alors que si on regarde du côté de nos héroïnes anglo-saxonnes (les vraies, pas celles des Disney !), les Beyoncé, Oprah, J.Lo, Ellen ou encore Michelle... on dirait qu'elles ont été shootées, voire ensorcelées par une potion plutôt extraordinaire : **la confiance en soi.** Vous savez, ce truc incroyable qui leur permet de se sentir bien dans leur corps et dans leur cœur, et ainsi de captiver, de mettre la foule à leurs pieds... Alors je ne sais pas ce qu'elles font pour être aussi sûres d'elles, mais, parfois, je me dis que, nous aussi, on aurait bien aimé tomber dedans enfant.

EH OUI, À PRIORI UN POISON COULE DANS NOS VEINES : LE SYNDROME DE LA PRINCESSE.

Petite, comme la majorité des générations des années 1980-1990-2000, j'ai été biberonnée aux contes de fées et aux princesses Disney. Il faut l'avouer, j'adore ces dessins animés et ce encore aujourd'hui. À travers d'incroyables images et de belles histoires, ils ont réussi à nous forger un esprit, à nous enseigner des leçons de vie et à vulgariser certains événements qui nous attendent dans le monde des « grands ».
Mais il se peut aussi que ces Disney soient (un peu !) responsables de notre confiance en nous au ras des pâquerettes, de nos relations amoureuses et amicales foireuses, et enfin de la vision erronée que l'on a de la société.

Oui, a priori un poison coule dans nos veines : le syndrome de la princesse, un mal qui consiste à vivre sa vie comme dans un conte de fées et qui impacte clairement la façon dont on se développe en tant que jeune femme.

Jennifer L. Hartstein, docteure en psychologie, l'explique très bien dans son livre *Princess Recovery : A How-to Guide to Raising Strong, Empowered Girls Who Can Create Their Own Happily Ever Afters* (Adams Media, Simon & Schuster, 2011).
En français : « En venir à bout du syndrome de la princesse : guide pour élever des filles fortes et autonomes ». Je vous le conseille.

Selon elle, Cendrillon et sa bande nous mettent dans la tête des idéaux surréalistes : si une fille est belle, qu'elle porte de beaux vêtements et se balade avec de super chaussures aux pieds, elle trouvera l'amour et la popularité. Pas très réelles, les meufs...

« Ce genre de messages a un impact énorme sur la confiance en soi chez les filles. Les enfants ont du mal à comprendre en grandissant que l'intelligence, la générosité et la passion sont des valeurs plus importantes », écrit l'auteure. Sans parler du manque de diversité, d'égalité et des standards de beauté. Tout ça sème clairement le bizarre dans notre vie.

C'est sûr qu'on aurait aimé voir une princesse galérer à rentrer dans son jean, s'affaler sur le canapé pour regarder une série, se raser vite fait bien fait avant une soirée, se réveiller pas démaquillée et toute cernée parce qu'elle a trop fait la fête. Comme nous, quoi ! Construisons plutôt notre propre royaume, où règne une reine qui s'aime et s'accepte comme elle est, avec ses défauts et ses qualités et qui n'a pas peur de tout affronter. Oui, parce que, dans la vraie vie, la confiance en soi, ce n'est pas le prince charmant et son soi-disant cheval blanc qui vont nous la livrer sur un plateau d'argent.

Alors, dans les pages qui suivent, je ne vous promets pas de coup de baguette magique, mais plutôt un bon coup de boost de confiance de soi ! De toute façon, les princesses, ce n'est pas pour nous... Nous, on est des Queens, des reines, et il est juste temps de se le rappeler. Une bonne fois pour toutes.

LALAA MISAKI

« La confiance en soi, c'est la clé pour s'épanouir dans tous les aspects de sa vie. Avant, j'étais la fille qui pleure devant son miroir toute la journée, la fille qui ne s'aime pas. À mes yeux, j'étais toujours « pas assez ». Pas assez bien, pas assez intelligente, pas assez belle…

Je n'étais pas épanouie dans mon rapport avec moi-même, donc je ne pouvais pas l'être dans ma vie professionnelle et surtout pas dans mes relations avec les autres. J'étais limite un peu parano, persuadée qu'on se moquait de moi constamment…

Je pense qu'on voit le monde à la couleur de son cœur. Avant, mon cœur était très obscur, alors tous les gens autour de moi étaient sombres et, par conséquent, mes relations avec eux l'étaient aussi.

L'être humain serait bien plus heureux s'il avait juste envie d'être lui-même et non la copie conforme de quelqu'un qu'il aime ou qu'il admire. Alors je me suis lancée dans une quête de moi-même, une sorte d'introspection.

Il faut que tu apprennes à savoir qui tu es, d'où tu viens et où tu veux aller. En faisant cet exercice, tu apprends à te connaître et donc tu appréhendes mieux ta relation, d'une part avec toi-même et d'autre part avec les autres. Et ça, c'est la clé de tout !

Aujourd'hui, j'ai confiance en moi. Mais pas tous les jours, évidemment ! La confiance en soi, c'est un long processus qui ne se termine jamais, qui se travaille, se cultive et surtout qui prend plus ou moins de temps selon ton background, ce que tu vis ou ce que tu as vécu.

Le soleil brille pour tout le monde, mais à des horaires différents. Le soleil ne se couche jamais. La confiance en soi, c'est ça aussi. Moi, je ne me suis pas réveillée en me disant : « Wahou, tu es une badass ! » Il faut accepter son heure. On sait quand la vie commence, on ne sait pas quand elle se termine, alors viens, entre les deux, on écrit une histoire magnifique ! Et cette belle histoire commence par s'aimer soi-même ! »

Les ingrédients de la confiance en soi

Des grimoires entiers ont été écrits sur la confiance en soi, alors loin de moi l'idée de vous faire une longue analyse de ce que c'est. Mais un point clé est nécessaire pour comprendre et agir sur notre propre confiance en nous : analyser ses ingrédients.

ÉTAPE 01
Commencer par une poignée d'estime de soi et d'amour de soi

Le point de départ de toute confiance en soi réside dans l'estime de soi. L'estime de soi, c'est la valeur que l'on s'attribue ou plutôt l'amour que l'on se porte.

Étymologiquement, le verbe « estimer » provient du latin *aestimare*, qui signifie à la fois « déterminer la valeur de quelque chose » et « avoir quelque opinion, quelque croyance d'une chose ». Un double sens qui rassemble donc deux notions :

- La première est **la perception que l'on a de soi** : c'est définir qui je suis, comment je m'identifie, quel genre de personne je suis. Bref, tout ce qui relève de notre identité, de notre personnalité, de nos croyances ou de nos valeurs.
- La seconde est la manière dont **on évolue avec cette vision de soi** : c'est le moment où l'on juge et où l'on note tous les éléments qu'on vient de citer juste avant. Et c'est souvent là qu'on n'est pas très tendre avec soi-même.

Finalement, bien s'estimer, c'est se kiffer... mais avec objectivité ! Booster son estime de soi ne revient donc pas à gonfler son ego, même si celui-ci s'en trouverait ravi. Alors oui, on peut se jeter des fleurs en listant toutes nos qualités, mais en gardant les pieds sur terre et, pour cela, je vous propose de faire le point sur vos défauts. Ni plus, ni moins. Vous l'avez compris, il va falloir faire ici preuve d'autocompassion autant que d'autocritique.

Ne vous y trompez pas, l'objectif est bel et bien d'avoir une vision positive de soi-même, pas de ressasser les mauvais côtés. Donc à bas les « Je suis nulle », « Je ne vaux rien » et toutes ces pensées qui détruisent l'estime de soi ! On tente de s'aimer vraiment pour ce que l'on est, avec nos défauts comme nos qualités, grâce à une analyse fondée sur la réalité.

CHALLENGE

Dessinez…

… comment vous vous voyez

… comment les autres vous voient

… comment vous aimeriez vous voir

Le but de cet exercice est de réfléchir à la perception que l'on a de soi-même. En dessinant comment on se voit, on prend conscience de nos sentiments à notre propre égard. En dessinant comment les autres nous voient, on peut identifier plus facilement nos défauts et nos qualités. Enfin, en dessinant comment on aimerait se voir, on peut explorer, identifier tout ce qu'on doit améliorer pour atteindre cet idéal personnel.

Si vous n'avez pas d'idée, je vous aide un peu :

Comment vous vous voyez ? J'ai dessiné une fourmi.

Une petite bâtisseuse qui aime créer plein de choses et avoir de nombreux projets. Comme une fourmi, j'ai une grande capacité à travailler dur et à tout planifier minutieusement. Cependant, je peux être aussi très exigeante envers moi-même et les autres lorsqu'il s'agit de créer quelque chose de nouveau. J'ai des difficultés à déléguer les tâches et j'ai tendance à être perfectionniste et à vouloir que tout soit parfait, ce qui peut parfois être un obstacle pour avancer...

Comment les autres vous voient ? J'ai dessiné un couteau suisse.

Une personne qui a une grande variété de compétences et de talents, qui peut être utile dans de nombreuses situations différentes. Mais qui peut malheureusement aussi être très tranchante...

Comment aimeriez-vous vous voir ? J'ai dessiné un arbre.

Quelqu'un de solide, stable, robuste, avec les pieds bien ancrés sur terre. Quelqu'un sur qui on peut s'appuyer. Mais qui pourtant n'oublie pas d'avoir des rêves et des ambitions plein la tête... Eh oui, un arbre, ça vise les étoiles !

En somme, une personne qui possède une combinaison unique de stabilité et d'imagination, de réalisme et d'ambition, capable de trouver un équilibre entre les besoins pratiques de la vie et les aspirations plus élevées, et qui utilise cette harmonie pour avancer dans sa vie avec confiance et motivation.

ÉTAPE 02

Ajouter un soupçon de conscience de soi

Une fois que vous avez bien mijoté votre estime de soi, il va falloir la relever d'une bonne dose de conscience et de connaissance de soi.

La conscience de soi, c'est connaître et avoir confiance en ses émotions, ses capacités et compétences personnelles. Eh oui ! Pour être à l'aise et confortable avec soi-même, **il faut se sentir crédible et donc se sentir capable.**

Si on vous demande de changer une roue, là, maintenant, et que vous n'avez jamais fait ça de votre vie, il y a peu de chance que vous soyez ultraconfiante en vos capacités à le faire. À l'inverse, si ça fait vingt ans que vous êtes la reine de la mécanique, vous allez le faire les doigts dans le nez et sans jamais douter.

La confiance en soi est donc intrinsèquement dépendante de notre conscience de soi, c'est-à-dire de nos capacités et compétences. En sachant qu'on peut et sait le faire, on le fait avec confiance !

EN SACHANT QU'ON PEUT ET SAIT LE FAIRE, ON LE FAIT AVEC CONFIANCE !

Pour autant, ça ne veut pas dire que l'on ne peut pas se faire confiance en expérimentant quelque chose que l'on n'a jamais fait. Sinon, on ne sauterait jamais dans le vide de notre vie, on n'essaierait jamais une nouvelle activité ou, pire encore, on ne donnerait jamais vie à notre premier nouveau-né puisque, en principe, on n'a pas de compétence dans ce que l'on n'a jamais fait ou expérimenté.

Mais, dans la vie comme dans le travail, compétences et expériences vont de pair. Plus on a d'expérience, plus on gagne en compétence. Inutile donc de se roder à fond avant de se lancer. Parfois, une simple envie ou motivation peut nous donner l'élan de nous lancer les yeux fermés, puis la confiance vient en faisant.

C'est ici toute la subtilité de la confiance en soi, qui n'est globalement pas du tout innée. Elle se cultive ! On va donc lui donner un bon petit coup de pied aux fesses ! C'est ce que nous allons faire ensemble durant toute cette partie.

SI TU CHERCHES
UNE BOSS REGARDE
DANS CE MIROIR !

ÉTAPE 03

Mélanger le tout avec beaucoup d'affirmation de soi

Chaque relation est composée de 3 relations

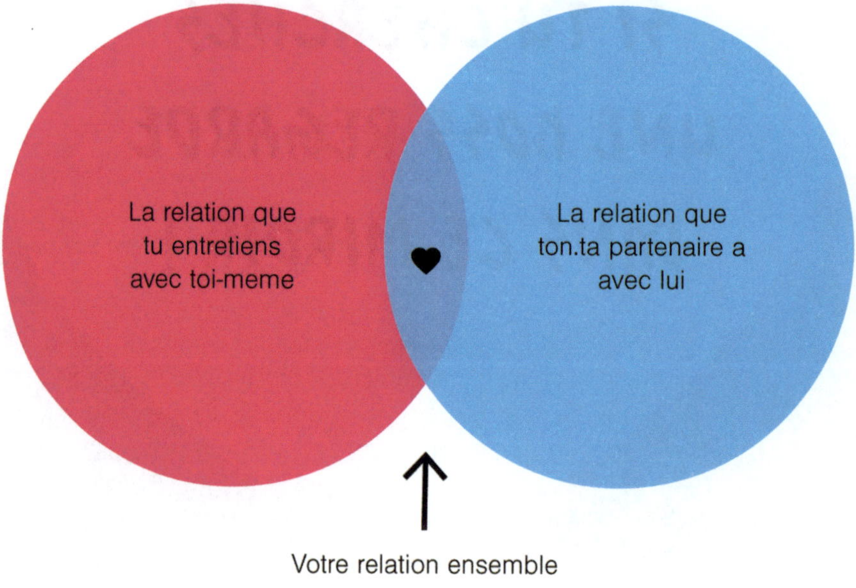

Comme toute bonne recette, il faut avoir la main lourde sur les assaisonnements. Et l'ingrédient clé, c'est **l'affirmation de soi**. Elle représente votre relation avec les autres. Le fait de savoir exprimer ses désirs et ressentis pour ne pas passer à côté de son bien-être personnel...

S'affirmer soi, c'est bien plus qu'affirmer ses opinions, ses positions ou son avis, à tort et à travers sur la place publique. C'est **se sentir légitime** DE le faire et à l'aise POUR le faire !

Lorsque nous n'exprimons pas clairement ce que nous ressentons, ce que nous pensons, nous transportons un malaise intérieur.
Un sentiment négatif peut alors s'installer et grandir en nous : culpabilité, frustration, colère, inquiétude… Notre niveau de satisfaction baisse pendant que le sentiment de manque de « contrôle » sur notre propre vie grimpe comme une flèche.
Et ça, ce n'est pas un très bon équilibre pour notre confiance en nous.

Il faut donc savoir exprimer aux autres ce que l'on ressent et surtout de façon calme et sereine. Oui, oui, pas comme lors de votre dernière « discussion » avec votre moitié parce qu'il ou elle a encore oublié de mettre un nouveau rouleau de papier toilette, vous laissant ainsi en galère dans votre plus simple appareil. Ça paraît d'un coup bien moins évident, n'est-ce pas ?

Mais qui n'a jamais renoncé à aller négocier une augmentation de crainte de devoir s'affirmer devant son ou sa supérieure ? Qui n'a jamais tu une opinion, parce que tous ses amis étaient d'avis contraire ? Qui n'a jamais caché son vote présidentiel par peur de choquer ? Qui n'a jamais osé prendre la parole dans le débat « pain au chocolat vs chocolatine » ? Avouons qu'on a toutes un jour fait profil bas pour plaire…

Contrairement à ce que l'on pense souvent, **avoir une attitude affirmée ne revient pas à passer pour la casse-pieds de service…** C'est simplement avoir le « contrôle de sa vie ». C'est démontrer que nous avons une valeur, que nous sommes importantes. Il existe une expression qui illustre parfaitement ce qu'est l'affirmation de soi : c'est être « ni hérisson ni paillasson ».

Si je devais finalement résumer ces trois phases en trois verbes, ce serait :

[ESTIME = ÊTRE
CONSCIENCE = FAIRE
AFFIRMATION = EXPRIMER]

Alors, préparez casseroles et marmites, la recette de la confiance en soi maintenant partagée, il est temps pour vous de vous mettre à cuisiner !
À bien noter, toutefois : les trois ingrédients de la confiance en soi sont interdépendants. Autrement dit, c'est tous les trois ensemble, émulsionnés, qu'ils révèlent toutes leurs saveurs et qualités.

Ainsi, la perception que nous avons de nous-mêmes est un facteur important face à notre capacité d'affirmation de soi. Tandis qu'avoir une estime de soi positive est un facteur important dans l'affirmation de soi.

Durant toute cette partie, on va donner un coup de fouet à ces trois composantes, pour passer de princesse à véritable héroïne !

Toi
Ton objectif de vie
OBJECTIF DE VIE
Pour passer ce chemin, tu dois croire en toi !

2. Wonder Woman ? C'est nous !

Et ça tombe bien, ça commence tout de suite ! À quoi reconnaît-on Wonder Woman ? À son costume sans nul doute, mais surtout à sa posture légendaire : debout, jambes écartées, mains sur les hanches et menton relevé. Et si Wonder Woman, c'était nous ?

Pour entamer notre vie de superhéroïne, il faut booster notre confiance en nous. Pour cela, il faut s'assurer que notre fidèle allié, notre corps, ne nous fasse pas faillir à notre mission. On a beau enfiler notre plus belle cape, s'équiper de gadgets dignes de l'agent 007, être à la pointe dans notre domaine... Si on n'est pas intimement convaincue d'être la superwoman que l'on est en réalité, notre corps le déclamera avec sa tête baissée, ses épaules voûtées et ses jambes tremblotantes.

Comme Batman et Robin, on pensait ne faire qu'un avec notre corps et former un duo de superhéros. Que nenni ! Si on ne contrôle pas un tant soit peu notre posture, notre corps peut passer son temps à nous décrédibiliser... Eh oui, ce n'est plus à prouver, notre langage corporel influence le jugement et la perception que les autres ont de nous.

→ Regard fuyant, repli sur soi et nous voilà vite rangées dans la catégorie femme sans assurance et peu confiante. Bref, pas la boss que l'on aspire à devenir.

→ À l'inverse, une posture qui en jette et qui prend de l'espace nous donne du charisme et nous propulse directement au rang de leader.

Mais une question reste encore en suspens : qu'en est-il de nous ? En d'autres termes : **Est-ce que notre posture peut influencer la perception que NOUS avons de nous-mêmes ?**

La psychologue américaine Amy Cuddy s'est penchée sur la question. Dans son TED Talks de 2012, « *Your body language may shape who you are* » (« Votre langage corporel peut façonner votre personnalité »), qui a fait exploser le compteur Internet avec plus de 33 millions de vues, Amy explique que notre langage corporel, en plus de donner aux autres une certaine image de nous, peut aussi profondément façonner qui nous sommes ! En d'autres termes : notre corps a un pouvoir énorme sur notre mental si l'on adopte ce qu'elle appelle des « **Power Postures** ». Rien que le nom donne envie de s'y mettre, non ?

Les Power Postures sont des positions corporelles qui prennent de l'espace et nous donnent l'air importantes, confiantes, à l'aise. D'autres diront que sur le papier ça peut paraître un peu bête et facile. « Comme si, juste en se tenant d'une certaine manière, on pouvait radicalement transformer notre stress en assurance, notre angoisse en insouciance, notre peur en confiance ! » Moi aussi, je me le suis dit. Puis, je me suis aperçue qu'Amy n'était pas la seule à en parler. Une nouvelle fois, la boss à l'origine des 4 séries américaines les plus célèbres, je parle bien de la papesse Shonda Rhimes, adopte régulièrement des poses de superhéroïnes ! Elle l'a confié dans son livre *Year of Yes* (Simon & Schuster, 2016), et partage aussi cette astuce avec les héroïnes de ses séries.

Si, comme moi, vous êtes une fan de *Grey's Anatomy*, vous vous souvenez probablement de la scène où Amelia Shepherd adopte la posture de Wonder Woman, juste avant d'effectuer une opération chirurgicale majeure sur son mentor, le Dr Herman. Une pose soulignée d'une désormais célèbre et puissante tirade : « Relève la tête, entre dans l'arène et fais face à l'ennemi. Bats-toi tant que tu peux te battre. N'abandonne jamais. Nous sommes des superhéroïnes. »

Notre posture serait donc capable d'accroître notre confiance, notre charisme, notre concentration et même notre pouvoir ! Et tout ça, grâce à ce qu'on appelle la présence.

ELLE AVAIT BESOIN D'UN HÉROS, ALORS C'EST CE QU'ELLE EST DEVENUE.

« LE CORPS FORGE L'ESPRIT. EN GRANDISSANT VOTRE CORPS, VOUS AGRANDISSEZ VOTRE ESPRIT, ET CELA VOUS PERMET D'ÊTRE PRÉSENT.
Et la présence peut avoir des conséquences considérables », souligne Amy Cuddy.

Sauf que prendre de la place, on le fait rarement. Surtout nous, en tant que femmes. Rappelez-vous l'opposition femmes-hommes qui a été tant de fois faite lors du « scandale du *manspreading* ». Vous savez, le *manspreading*, c'est cette posture majoritairement adoptée par les hommes lorsqu'ils sont assis, les jambes bien écartées, accusée de symboliser la domination du patriarcat sur la femme. Cette posture est capable, pour nous aussi, de nous rendre ultrapuissantes ! Alors certes, pas dans le métro, où c'est juste synonyme d'impolitesse, mais, dans certaines occasions, adopter des poses qui prennent de l'espace, c'est aussi affirmer sa pleine puissance et son plein potentiel.
La psychologue a mené une étude en collaboration avec l'université Columbia et l'université Harvard (Carney, D., Cuddy, A., & Yap, A. « Power Posing: Brief Nonverbal Displays Affect Neuroendocrine Levels and Risk Tolerance »). À cette occasion, 26 femmes et 16 hommes ont dû adopter pendant deux minutes des Power Postures. Puis, ils ont dû faire de même avec des postures dites de « faible pouvoir ». L'objectif était de voir si les participants étaient prêts à prendre plus ou moins de risques, en fonction des postures adoptées. 86 % des participants ayant adopté une Power Posture sont prêts à parier de l'argent, tandis qu'ils ne sont que 60 % dans le cas des participants avec une position de faible pouvoir.
En d'autres termes, les Power Postures induiraient une confiance en soi plus grande chez les participants, les amenant à prendre plus de risques.

Dans certaines occasions, adopter des poses qui prennent de l'espace, c'est aussi affirmer sa pleine puissance et son plein potentiel.

Mais alors, comment ça se fait que ça marche ?

Selon Amy, la confiance en soi repose sur le bon équilibre de deux hormones :

→ la testostérone (l'hormone de la domination)

→ le cortisol (l'hormone du stress).

Or, quand on est stressé, le cortisol explose le compteur.

Lors des tests menés, Amy a constaté que les participants aux Power Postures voyaient leur taux de testostérone augmenter, tandis que leur taux de cortisol diminuait.
Il se révélait scientifiquement que les Power Postures agissaient sur notre mental !

Finalement, le duo de superhéros n'est pas si improbable que ça. Il suffit de calibrer notre corps et notre mental pour que tous les deux deviennent enfin de fidèles alliés. Si ça ne donne pas envie ! D'ailleurs, on attend quoi pour s'y mettre à notre tour ?

POWER CHALLENGE

Voici quatre postures à dessiner (et à imiter devant votre miroir de femmes puissantes) pour booster votre *body language* et votre mental, et devenir une Wonder Woman. Prenez de la place pour vous sentir plus confiante et puissante !

01

La Wonder Woman

La position classique de la superhéroïne.
Debout, jambes écartées et bien ancrées dans le sol. Tête relevée, torse bombé et mains posées sur les hanches.
Vous voilà superpuissante.

02

La Championne

La position des gagnantes.
Le corps agrandi et les bras en V au-dessus de la tête.
La posture de toutes les grandes championnes après une victoire.

03
La Patronne

La position de la patronne.
Mains bien appuyées sur la table, placées à gauche et à droite.
Le corps vers l'avant, vers la personne devant vous, le regard déterminé.
Elle est maintenant prête à négocier n'importe quel contrat.

04
La Confiante

La position de la meuf confiante.
Assise, les mains derrière la tête, détendue, quoi !
Avec cette position, le corps communique non seulement que vous vous sentez à l'aise dans cette situation, mais aussi que vous êtes également confiante et dominante.

3. Dealeuse de self-love

Notre corps est un superhéros, certes. Mais pas toujours à nos yeux. Pourtant, avoir une relation saine avec son corps, d'amour de soi, c'est le début d'une bonne confiance en soi. Et je dois vous avouer une chose : vous avez devant vous une ancienne toxico ! Accro d'Instagram, shootée à Facebook, addict de TikTok et Snapchat, j'ai passé des années de ma vie à me doper aux likes, aux commentaires et aux partages.

Une réalité presque commune à toutes et tous, dans laquelle une course effrénée est lancée : celle de récolter le plus d'abonnés possible pour nous rassurer sur notre beauté, notre intelligence, notre style, notre travail... bref, sur notre vie plus que parfaite (du moins en apparence). On y partage nos moments de vie avec beaucoup d'esthétisme. Telles des Frida Kahlo 2.0, on retouche nos photos à coups de pinceau pour se rendre plus belles que nature. Des toxicos du perfectionnisme.

Piquouzée aux supermodels (Claudia Schiffer, Cindy Crawford, Naomi Campbell et autres mannequins aux défilés Victoria's Secret), cellulite, vergetures, peau d'orange, taches, etc., n'avaient pour moi certainement pas leur place sur mon corps et encore moins sur Insta. Je l'admets.

Mais qu'on se le dise : j'ai été la première victime de mes propres jugements.

Les réseaux sociaux n'ont fait qu'accentuer un mal que j'avais enfoui en moi depuis longtemps.

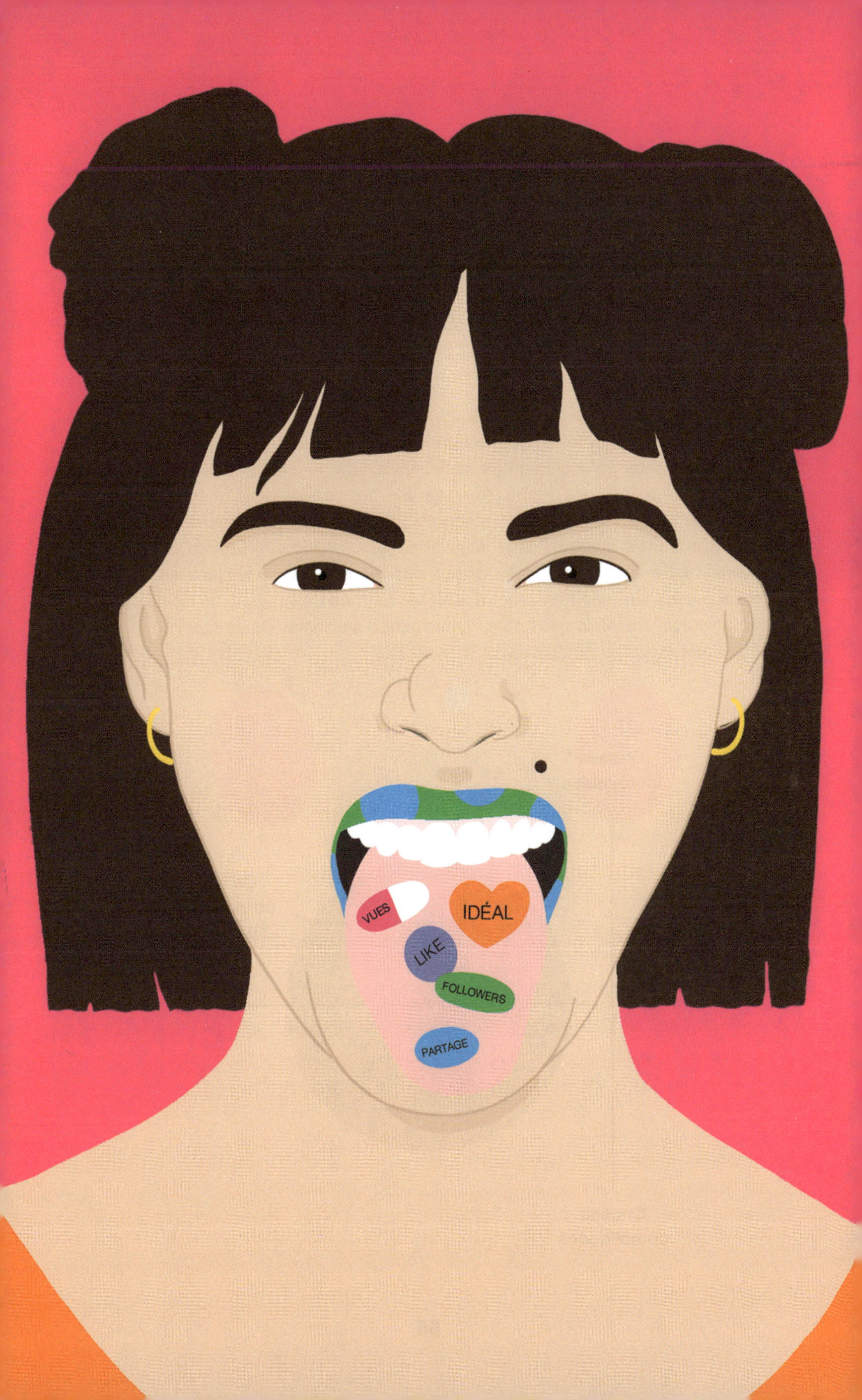
VUES
IDÉAL
LIKE
FOLLOWERS
PARTAGE

Comme beaucoup de trentenaires qui pourraient me lire, j'ai grandi avec Skyblog. Pour les plus jeunes, c'était une espèce d'album photo digital dans lequel tu partageais tes moments de vie sans aucune autre fonctionnalité. Un Instagram de la contrebande. À 14 ans, j'ai publié une photo de moi en jupe. J'avais la panoplie complète de la super modeuse des années 1990-2000 : Converse hautes, bomber Replay et casquette Von Dutch. Je vous prierais de ne pas trop vous imaginer la scène, mais, à l'époque, c'était stylé ! D'ailleurs, des dizaines de commentaires venaient flatter mon ego et me dire à quel point j'étais belle et lookée. Sauf un, et ce commentaire-là, je peux vous dire qu'il m'a gâché la vie : « Tes jambes ressemblent à des poteaux. » **BAM !**

Je suis comme tout le monde. Des défauts, j'en ai repéré plus d'un sur mon corps. Mais alors celui-là m'avait complètement échappé. Résultat : le fait qu'on vienne le pointer du doigt a fait remonter un sentiment de honte. C'est devenu une obsession. Je ne pensais plus qu'à ça. Je ne pouvais même plus regarder mes jambes dans un miroir. Vous vous en doutez, je n'ai plus JAMAIS porté ni short ni jupe courte de toute ma vie ! C'est encore d'actu et j'ai 33 ans aujourd'hui, je vous laisse faire le calcul. « Tout ça pour un commentaire », « Il y a des choses plus graves que l'esthétisme de tes jambes », « Et puis de nombreuses femmes rêveraient d'avoir tes jambes ! » pourrait-on se dire. Je vous l'accorde volontiers. Mais nous ne sommes jamais satisfaites de ce que l'on a et on ne peut pas nier que mon complexe est toujours là...

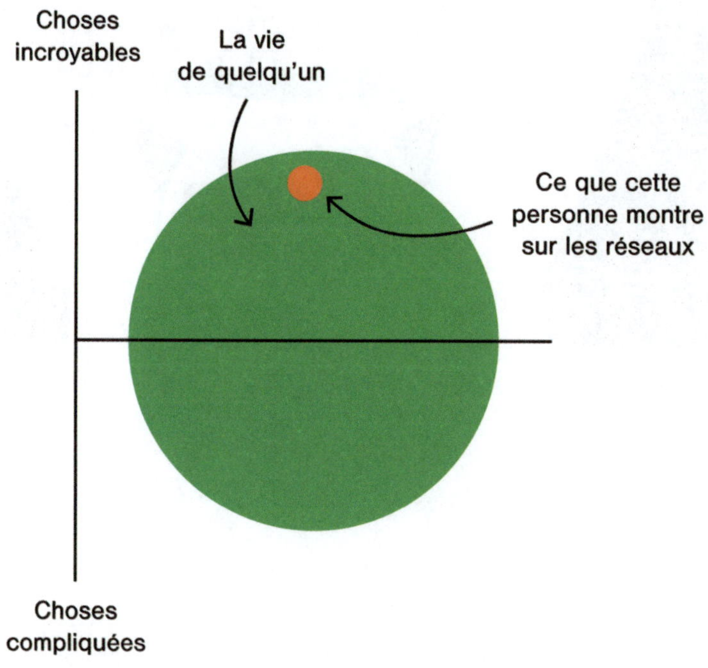

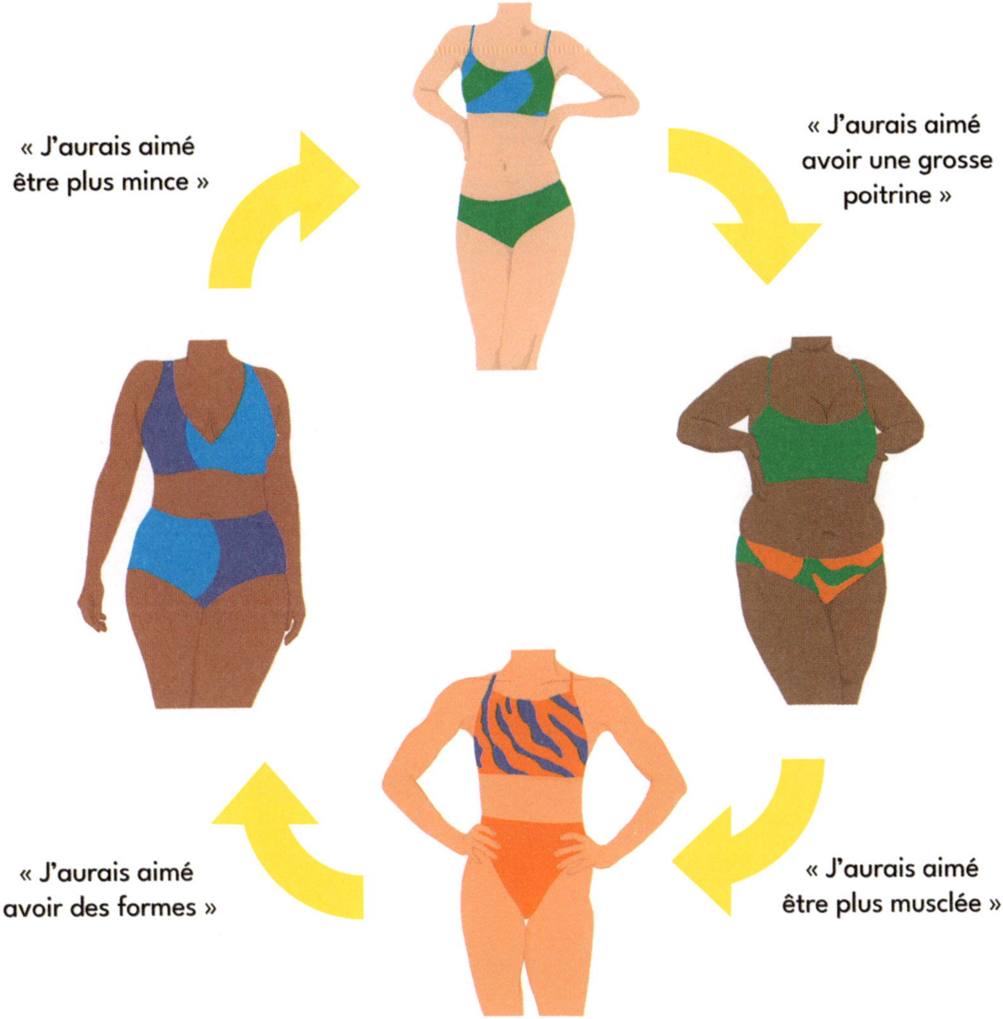

Voilà une petite histoire, qui montre comment des mots, ou même nos mots, peuvent profondément blesser et laisser des traces indélébiles. Je n'ai d'ailleurs jamais su quoi répondre à ce commentaire.

Mais ça, c'était avant ! Il est temps d'enterrer cette petite fille traumatisée pour qu'elle ose à nouveau s'assumer. Et comme je sais que, vous aussi, vous devez très certainement faire face aux *haters* – à des gens jaloux -, voici mon petit distributeur de punchlines pour avoir la répartie d'une guerrière !

DISTRIBUTEUR DE Punchlines

Tu as un peu grossi, non ?
Oui et d'ailleurs, le dernier qui m'a dit ça, je l'ai bouffé !

Tu devrais manger, tu es trop mince.
Tu devrais te taire, tu parles trop.

Tu as déjà de la cellulite à ton âge ?
Bravo, tu viens de passer le niveau supérieur,
tu as découvert le corps d'une femme !

Tu as des boutons sur le visage, on dirait une calculatrice !
*Je sais, je fais une allergie aux c***.*

Tu as les seins qui tombent !
Mon but, c'est qu'ils tombent aussi bas que ta dignité…

Tu es enceinte de triplés ou quoi ?
Non, je vais plutôt accoucher de ta débilité.

Ça ne te va pas les robes moulantes, on voit ton ventre.
En même temps, à chaque fois que je te vois, ça me gonfle !

Tu es maquillée comme un pot de peinture.
C'est parce que je suis une œuvre d'art !

Tu devrais t'épiler, tu as un monosourcil.
Au moins, eux, ils sont connectés, pas comme tes neurones.

Tu as des oreilles immenses !
Je sais, ça me saoule aussi, j'entends trop tes conneries…

Épile-toi ou cache tes poils, non ?
Je préfère la troisième option : m'aimer telle que je suis et te sortir de ma vie !

Tu es très grande, on dirait une perche, ce n'est pas trop dur à vivre ?
Il n'y a que les grands esprits qui vivent au sommet.

T'aurais pas dû te couper les cheveux, on dirait un mec.
Tu devrais pourtant savoir que c'est ni la taille ni la longueur qui comptent…

Ça ne va pas de sortir habillée comme ça ?!
Tu as raison, je vais avoir trop chaud, je vais enlever le haut !

Et sinon une répartie qui marche à tous les coups :
« Mon corps, ce n'est pas Trip Advisor, tes commentaires, tu peux te les garder ! »

Nos répliques balancées, les toxicomanes du *self-hate* sont neutralisés. Reste encore une mission à accomplir, et pas des moindres : comment apprendre à s'aimer quand on est déjà dure avec soi-même et quand, en plus, Instagram nous rappelle à quel point on est loin des standards de beauté ?

Rassurez-vous, tout n'est pas tout noir. Déjà, on peut redéfinir ensemble la définition de la beauté !

Dico boss "BEAUTÉ"

Lalaa Misaki

« La beauté, pour moi, c'est celle du cœur. C'est-à-dire quelque chose intérieur de magnifique qui se reflète à l'extérieur. La beauté, c'est une lumière, une énergie. Peu importent l'âge que tu prendras, les transformations physiques que tu feras ou qui arriveront avec le temps et les événements de la vie. La beauté, c'est ce que tu dégages bien au-delà de l'apparence physique. »

Cristina Cordula

« La beauté, c'est être en harmonie avec soi-même ! Les personnes qui sont heureuses rayonnent Donc la clé de la beauté commence déjà par un travail intérieur. Après, évidemment, il y a le travail extérieur, pour se mettre en valeur. »

Laury Thilleman

« Je définirais la beauté comme une lumière. Un regard qui scintille, un sourire qui s'illumine... Toutes ces petites choses intangibles qui nous touchent. C'est bien plus qu'un attrait physique ou esthétique.

Louise Aubery

« C'est ce qui est littéralement "agréable à regarder". Mais pour moi, ce qui est agréable à regarder, ça peut être mille et une choses : une aura, un comportement, un charme... Ce n'est pas forcément des attributs physiques, c'est quelque chose/quelqu'un qui nous fait nous sentir bien, on a envie de s'attarder dessus. Donc pour moi, la beauté existe, mais ce n'est pas un modèle unique ! »

Peu à peu, j'ai vu les réseaux sociaux évoluer. Dans le bon comme dans le mauvais sens. Mais ici, on est là pour parler de choses positives. Les plateformes sociales sont devenues des plateformes engagées, des outils d'élévation porteurs de message. Avec, en tête d'affiche : le *body positivisme* et le *body neutrality*.
Vous connaissez le fameux « Instagram *vs* Reality ». Eh bien, le « *Reality* » prend de plus en plus de galons. Le concept ? **Apprendre à aimer son corps** (body positivisme) ou, du moins, à **l'accepter tel qu'il est** (body neutrality), au-delà d'une apparence normée. Ce n'est en réalité pas notre corps qui est problématique, mais plutôt la relation que l'on entretient avec lui. On le façonne selon les normes et les diktats que la société nous impose en oubliant de « ressembler à nous-mêmes ».

J'ai vu alors naître des dealeuses d'amour de soi.

Véritables cracks de la bienveillance, elles offrent à leur communauté de bonnes doses de « self-love ». Pour elles, leurs soi-disant « imperfections », comme certains narcotrafiquants de la méchanceté pourraient les dénommer, font leur force, leur unicité, leur authenticité. Leur but n'est pas de changer l'idée de la perfection, mais plutôt de comprendre que la perfection peut prendre toutes les formes !

LES RÉSEAUX SOCIAUX SONT DEVENUS DES PLATEFORMES ENGAGÉES, DES OUTILS PORTEURS DE MESSAGE.

La vie sur les réseaux sociaux

En toute honnêteté, au début, j'étais perplexe. Oui, j'admirais ce courage de se montrer au naturel et de cette prise de position face aux critiques. Mais qu'est-ce que ça allait m'apporter à moi, Melody ? En réalité, énormément de choses...

Quand le *body positivisme* a connu son plein boom, j'étais loin d'être en accord avec moi-même. Enceinte avec 20 kilos de plus au compteur et un accouchement prévu en mai, autant vous dire que j'avais vite fait une croix sur mon *summer body* ! Moi qui me cachais déjà sous un paréo, une serviette ou tout ce qui me tombait sous la main, cet été-là je ne pensais qu'à une chose : m'enterrer six pieds sous le sable !

Enfin, ça, c'est ce que je m'imaginais. Parce que finalement, grâce à tous ces messages positifs que je voyais chaque jour depuis des mois sur mon fil d'actualité, c'est tout le contraire qui s'est produit. Attention, la bomba *post-partum* était en moi ! Me voilà à me balader plutôt fièrement sur la plage. Heureuse de montrer mon nouveau corps, celui qui a porté la vie. J'étais là, à me pavaner sous les sunlights des tropiques sans me soucier du regard des autres et encore mieux : le mien ! Une surdose de confiance en moi, vous dis-je !

ATTENTION, LA BOMBA *POST-PARTUM* ÉTAIT EN MOI !

Victime de la communication uniformisée jusque-là, je n'avais pas compris que plus la diversité est affichée, plus elle est assumée et célébrée. **Ce n'est pas à nous de nous modeler selon un modèle unique : plusieurs modèles de beauté existent !**

Bon, dis comme ça, ça paraît magique. Mais ce n'est absolument pas le cas ! Pour que le *body positivisme* ou le *body neutrality* fonctionne, ça demande du travail. Je suis moi-même encore en plein *work in progress*...

Même si toutes les femmes mangeaient, buvaient et faisaient la même quantité d'exercice, leurs corps seraient toujours différents.

Une chose est certaine : ces dealeuses de self-love m'ont ouvert les yeux. Je ne pouvais donc pas passer à côté de leurs précieux conseils dans ce livre. J'ai donc invité ces femmes que j'aime et admire pour qu'elles nous parlent de ce long chemin que sont l'**acceptation** et l'amour de soi. Et, en plus, c'est cadeau : elles nous dévoilent leurs meilleurs conseils pour que, enfin, on soit accro… à nous-mêmes !

DISRUPTIVE BEAUTÉ

« Je m'appelle Anna, alias Disruptive Beauté sur Instagram. J'ai eu de l'alopécie à 24 ans.
La résultante de l'alopécie a été une perte totale des cheveux et de la pilosité. J'ai le stade le plus aigu de cette maladie. Je n'ai donc plus de cheveux, plus de sourcils, plus de cils et plus de poils du tout sur l'ensemble du corps. On ne connaît pas l'origine de cette maladie ni sa propagation...
J'ai grandi avec de longs cheveux bruns et très denses. C'était mon signe distinctif ! On me reconnaissait par rapport à ma chevelure. Et du jour au lendemain, il y a eu un patch, et puis un autre... Finalement, au bout de six mois, je n'avais plus de cheveux du tout.
Ça a été très douloureux comme période, car la vingtaine, c'est un âge charnière. Ça fait partie des moments fondateurs et formateurs dans une vie. Tu commences à peine à avoir confiance en toi et, soudain, tu te retrouves confrontée à ton squelette et, quand tu te regardes dans ton miroir, tu te demandes qui est la personne en face de toi... Tu as l'impression que cette personne te dit : « Eh bien, ma grande, il va falloir que tu te démerdes avec cette nouvelle image, parce que c'est celle que tu as désormais ! »

C'est très compliqué de grandir avec quelque chose et de se retrouver du jour au lendemain sans celle-ci. D'autant plus quand il s'agit de tes cheveux, l'attribut phare de la féminité. Tu dois alors réapprendre les codes de la vie sans cet attribut. C'est dur.

Le chemin vers l'acceptation de soi est long. Pour ma part, au début, ça a été le déni. Je ne voulais pas croire que mon alopécie allait être décadente. J'ai repoussé au maximum le moment de porter une perruque et davantage celui de m'assumer sans artifices.

Aujourd'hui, c'est parfois encore difficile d'accepter. Parce que le regard des autres… les regards inquisiteurs, les regards aussi empreints d'empathie mais maladroits… On me demande souvent par exemple depuis combien de temps je suis en rémission, ce que j'ai vécu et vaincu. Je me retrouve, presque idiote et gênée, à justifier que non, je n'ai pas eu le cancer. Et la violence des mots alors… « Ah bah, ça va alors ! C'est que des cheveux ! »

J'estime qu'une douleur, quelle qu'elle soit, est difficile à vivre pour chacun et chacune d'entre nous. Et donc que personne ne peut apposer des mots sur une douleur qu'il ne ressent pas.

À partir du moment où j'ai compris que, si je le vivais en tant que victime, les gens me regarderaient comme une victime, et que, au contraire, si j'en faisais une force, les gens me regarderaient avec beaucoup de respect, il n'y avait plus de retour possible pour moi. J'étais sur le chemin de l'acceptation de soi et de l'amour de soi.

Un vrai conseil à vous donner ? Ne cherchez pas à tout prix à aller mieux, à vous convaincre que ça ira mieux. **Le seul protocole de survie, c'est le temps.** Plus ça va, plus je me sens légère et plus je me dis : « Pourquoi ai-je mis autant de temps à le comprendre aussi ? »

C'était loin d'être une perte de temps, en réalité. C'était mon deuil, le deuil de mes cheveux et surtout la cicatrisation. C'est quelque chose de tellement personnel. Chacun doit prendre son temps, à son rythme. Maintenant, je me sens libre et forte comme jamais ! ”

LOUISE AUBERY

« Je m'appelle Louise Aubery, alias My Better Self sur les réseaux.
Au départ, je partageais mon quotidien sur les réseaux sociaux par passion. En première année à Science Po, je me suis mise au sport et j'avais envie de partager ce nouveau quotidien à travers des contenus food et fitness. Un compte autour du bien-être, en somme.
L'idée, c'était de me lier à des personnes qui possèdent les mêmes centres d'intérêt que moi. Mais, au fur et à mesure, je suis tombée dans l'orthorexie, c'est-à-dire une obsession pour la nourriture saine, le sport, le poids. J'étais très maigre et je travaillais sans relâche pour avoir un corps que je pensais « parfait ».
Je n'étais déjà pas bien dans mon corps de mes 14 à mes 18 ans, et je ne suis même pas sûre qu'Instagram existait déjà. Mais les réseaux ont sans aucun doute accentué ce mal-être. Face au message véhiculé disant que la femme DOIT être belle, je me suis mis cette pression de la perfection sans m'en rendre vraiment compte. Car on est bien souvent sa pire ennemie.
Mais, contre toute attente à l'époque, ce sont aussi les réseaux qui m'ont permis d'en sortir. En suivant des personnes plus bienveillantes, qui parlent d'acceptation de soi, de body positivisme, je me suis aperçue de l'écueil dans lequel j'étais en train de tomber. Ça n'a pas été un déclic, ça a été progressif. C'est en

prenant conscience que ma valeur ne se définissait ni par rapport à mon poids ni par rapport à mon apparence physique que je suis sortie de ça.
Ça ne veut pas dire que je ne fais plus de sport, pas du tout, je continue d'en faire, car cela participe à mon sentiment de bien-être. Mais ce n'est plus du tout pour un objectif physique ni dans une logique d'apparence.
J'ai alors commencé à diversifier beaucoup mes prises de parole sur les réseaux et c'est là que ma communauté a grandi. Sur les réseaux, plus on est soi-même, plus on est plébiscité. Peu à peu, j'ai fait tomber des barrières que je m'étais finalement un peu moi-même imposées.
Le meilleur conseil que je peux donner ? Essayer de ne plus apporter de jugement de valeur sur son corps, qu'il soit positif ou négatif. C'est finalement ce que l'on appelle le « body neutrality ». Le body positivisme, évidemment que ça aide. Ça aide de voir tous les corps représentés et de célébrer la diversité, mais in fine, dans ta journée, tu n'as parlé que de corps et de ton apparence physique.
Pour moi, le body neutrality est plus sain dans le sens où tu décides de ne plus apporter un jugement sur ton corps. Arrêtons de consacrer autant de temps, d'énergie, d'argent à notre apparence physique et essayons de mettre plutôt ce temps à profit pour nous accomplir en tant que personne. »

LA FILLE QUI A DES TACHES

« Je m'appelle Julie, alias La Fille qui a des taches sur Instagram, vu que c'est comme ça que l'on me surnomme souvent. J'ai des angiomes sur 70 % du corps. C'est une maladie de peau, comme de grosses taches de naissance que j'ai depuis toujours et qui sont dues à des problèmes circulatoires.

Mes angiomes, je les ai acceptés très vite. Je n'avais pas le choix. Je devais vivre avec, un point c'est tout. Cependant, je les trouvais horribles. J'ai grandi dans les années 1980. Un monde où, dans les magazines et à la télé, pour être jolie, il fallait être blonde, faire 1 mètre 80 et peser 45 kilos. Il n'y avait absolument aucune femme à qui je pouvais m'identifier...

Accepter ma différence a été un long processus, un long combat. Je ne peux pas dire qu'il y ait eu un élément déclencheur. Je pense que ça a été plusieurs petites étapes.

La première a été de partir vivre à l'étranger (non pas que je recommande à tout le monde de partir au bout du monde). Le fait de partir en République dominicaine m'a notamment montré que l'apparence physique n'est pas importante. Là-bas, peu importe ton corps, tu es un être humain à part entière.

Pour la petite histoire, au bout de deux ans et demi de relation, j'ai demandé à mon copain de l'époque pourquoi il ne m'avait jamais posé une seule question sur mes angiomes. Sa réponse : « Moi je suis noir, toi tu es violette. Il n'y a rien à dire de plus ! » Il s'en foutait totalement, il m'aimait pour ce que je suis réellement.

On parle souvent du regard des autres, de son aspect négatif, mais quand il est bienveillant, il peut avoir un impact tellement positif sur nous et dans le processus d'acceptation et d'amour de soi...

Quand je suis rentrée en France, je me suis de nouveau retrouvée confrontée à ce monde où l'apparence physique a une place primordiale. Ces travers de

Français, qui te regardent bizarrement dans le métro, te prennent en photo, te pointent du doigt… Ça a été de nouveau assez dur à vivre.

Puis une de mes copines, qui est photographe, m'a proposé un shooting photo. Au fur et à mesure, j'ai commencé à me dénuder, à gagner en confiance. Finalement, quand j'ai reçu les photos, c'était la première fois de ma vie que je trouvais mes angiomes beaux. J'étais tellement émue de me trouver jolie !

Aujourd'hui, je me kiffe ! Mais pas 100 % du temps non plus. Ce n'est pas parce que je m'aime un jour que je m'aime tous les jours.

Je n'ai toujours pas vaincu le regard des autres. Ça reste et restera mon propre cheval de bataille. Il y a des jours où je le vis très bien et d'autres pas du tout, car je suis encore beaucoup victime de harcèlement sur les réseaux sociaux. J'essaie malgré tout de toujours transformer le négatif en positif. Je me sens fière de faire ce que je fais, d'aider les autres à s'aimer et à s'accepter.

Grâce à mon témoignage, à mon histoire, j'aide d'autres personnes, je vais dans les écoles combattre le harcèlement scolaire et, rien que pour ça, je peux dire que j'ai réussi ! Il faut s'écouter à tout prix. On ne sait pas encore à quel point on est capable de surmonter plein de choses. On est plein de force, donc il faut aller la chercher et, quand on la trouve, on peut tout accomplir.

Le meilleur conseil que je peux vous donner ? **Faire des rencontres et vous entourer de personnes bienveillantes.** S'entourer de personnes qui vont vous accepter telle que vous êtes, qui vont vous aimer et vous pousser à aller de l'avant et vous voir comme eux vous voient : avec beaucoup d'amour !

Moi, c'est vraiment grâce à ma famille et à mes amis, qui m'ont créé ce que j'appelle « un cocon bienveillant » et qui m'ont énormément poussée à m'assumer. Et n'oubliez pas : on est tous beaux aux yeux de quelqu'un ! ”

4. Rallumez votre lumière !

EH OUI, C'EST QU'IL FAIT TOUT NOIR LÀ-DEDANS !

Il semblerait que niveau estime de soi, nous soyons victimes d'une coupure d'électricité… Mais, au fait, on est où ? Ah, ça y est, je l'ai ! Dans notre for intérieur ! Ce n'est pas très glorieux… C'est quoi, ce sentiment tout terne qui nous habite ? Cette impression de ne pas être suffisante, de ne jamais dire ou faire la bonne chose ?

Il va falloir revoir toute la décoration intérieure, à commencer par **rallumer notre lumière intérieure**. Vous savez, cette petite chose qui fait que nous rayonnons, partout où nous allons ?

Et surtout, il va falloir installer un système de sécurité… Pour se protéger des personnes mal intentionnées à l'origine de nos coupures d'électricité !

Il est important d'éliminer toutes les personnes toxiques et malveillantes de sa vie. Ces personnes au comportement destructeur qui ont un impact négatif sur notre quotidien, notre bien-être et notre confiance en nous. Celles qui sont responsables de nos baisses de moral, de nos coups de blues et d'autres pertes de confiance en nous. Et ça, ça s'appelle le **gaslighting** !

Est-ce que cela vous est déjà arrivé :

A. De parler avec quelqu'un qui vous dit quelque chose puis le contraire juste après ?

B. Qu'on vous certifie que « vous imaginez des choses » ?

C. Qu'on vous reproche des choses que vous n'avez ni dites ni faites ?

D. Qu'on vous certifie des choses qui ne se sont pourtant jamais produites ?

E. Qu'on sorte vos paroles de leur contexte pour les retourner contre vous ?

Si vous avez répondu OUI à l'une de ces situations, bingo, les filles ! Vous avez déjà été « gaslightées ». Enfin… bingo, ne criez pas victoire trop vite. Parce que ce n'est pas glorieux, le gaslighting. On parle même « d'abus mental », c'est pour dire.

Faire face à un gaslighter

Le *gaslighting*, en traduction brute, signifie « éclairage au gaz ». Mais pas de panique, je ne vais pas vous parler d'EDF. Petit point culture : l'expression provient d'une pièce de théâtre de 1938 écrite par le dramaturge britannique Patrick Hamilton appelé *Gas Light*, transformé en un film populaire en 1944 par le réalisateur George Cukor. Vous le connaissez peut-être sous son titre français, *Hantise.* Si je ne vais pas vous narrer tout le film, laissez-moi vous en raconter les grandes lignes.

Gas Light, c'est l'histoire d'un couple. Tout démarre quand Gregory convainc sa femme, Paula, de retourner vivre dans la maison de sa tante, décédée quelques années auparavant.
Une fois qu'ils sont sur place, le bonheur attendu se transforme en véritable spirale de l'enfer. Enfin, surtout pour Paula. Gregory, rapidement devenu distant et froid, commence peu à peu à la faire douter de sa propre santé mentale. Dans une scène charnière, Gregory fait clignoter les lampes à gaz dans le grenier de la maison. Pourtant, lorsque Paula demande le pourquoi du comment, il insiste sur le fait que cela ne se produit pas vraiment et que tout est dans son esprit. Le terme « gaslighting » est né. Vous l'aurez compris : *Gas Light* est l'histoire d'un manipulateur qui ne recule devant rien pour parvenir à ses fins ! Mais l'histoire de l'expression « gaslighting » ne s'arrête pas là. Je ne peux quand même pas rater l'occasion de vous raconter comment ce terme est récemment revenu sur le devant de la scène avec… Donald Trump ! Eh oui, juste après son investiture. Le mot a tellement été réutilisé et recherché que les dictionnaires Oxford l'ont élu « mot parmi les plus tendance de 2018 » ! Je dis ça, je dis rien…

C'EST L'HISTOIRE D'UN MANIPULATEUR QUI NE RECULE DEVANT RIEN POUR PARVENIR À SES FINS !

Le gaslighting, finalement, c'est quoi ? **C'est une manière de vous faire douter de vos souvenirs, de votre vision des choses et de votre jugement.** Pour parvenir à ses fins, le « gaslighter » déforme la réalité. Il peut vous raconter une autre interprétation de votre souvenir ou de la situation que vous venez de vivre. Il remet en question votre perception de la réalité, voire la manipule… On a souvent tendance à utiliser ce terme au sein de la sphère intime. Vous avez forcément entendu parler du « pervers narcissique ». Vous voyez, le personnage interprété par Vincent Cassel dans le film *Mon roi.* Vous l'avez ? Pourtant, on peut retrouver ce genre de personnage partout autour de nous : papa, maman, chéri, meilleures amies, collègues, patron et *tutti quanti.*

Et le gaslighting ne se conjugue pas uniquement au masculin, hein ! Croyez-moi, j'en ai fait les frais au féminin dans le monde professionnel pendant des années.

Tout ce temps, j'ai cru « être folle », à tel point que je n'avais plus confiance en rien : en mes qualités, en mon intuition, en mes capacités ou même en ce que je pensais avoir vu, ressenti ou vécu. En plus de piétiner totalement ma confiance en moi, cela a pris de l'ampleur au fil du temps. Peu à peu sont arrivés le contrôle, la domination et pire encore... me conduisant à faire des actions qui n'étaient pas du tout en adéquation avec mes envies et ma volonté.

Pour vous en dire plus, au début de mon aventure entrepreneuriale, j'ai été presque « forcée » – mais toujours subtilement, évidemment (gaslighting oblige...) – de me séparer d'un des membres clés de mon équipe. La raison ? Il n'y en avait pas vraiment. « Tu ne le vois pas, mais elle a un double visage », « Elle ne veut pas ton bien », « Elle va faire couler la boîte », « Elle va entraîner le reste de l'équipe avec elle »... Apparemment, j'avais une mauvaise perception de la réalité et de cette personne (qu'on appellera Brenda pour la suite de l'histoire, parce que je suis une grande fan de Beverly Hills). Avec le recul, cette relation était semblable à un couple toxique, où votre partenaire veut vous éloigner peu à peu de vos amis sans raison objectivement valable, en soulignant juste le fait « qu'ils ne sont pas bons pour toi, qu'ils ne te tirent pas vers le haut ou encore qu'ils ne te méritent pas ». Oui, ce genre-là. Le pire ? C'est que ce genre de remarques peut même paraître plutôt sympa ! Quand on nous dit que des gens « ne nous méritent pas », ça titille aussi notre ego, même inconsciemment. On se dit que cette personne nous dit tout ça pour notre bien, qu'elle s'inquiète pour nous, et on plonge alors dans le mensonge.
En tout cas, fin de l'histoire : je me suis séparée de Brenda, à mon grand regret. J'en ai pleuré pendant des jours et tout ce que j'entendais, c'étaient des phrases comme « Tu es trop émotive », « Tu prends les choses trop à cœur ». Rebelote, c'était à nouveau ma faute !

La morale de l'histoire ? Il n'y a rien de pire que de faire quelque chose qui va à l'encontre de nos valeurs. Cela nous procure un sentiment de culpabilité, de honte, de confusion, de colère ou encore de frustration qui nous donne l'impression de nous être trahis nous-mêmes et de ne plus nous connaître aussi bien que nous le pensions...

LE GASLIGHTING, FINALEMENT, C'EST QUOI ? C'EST UNE MANIÈRE DE VOUS FAIRE DOUTER DE VOS SOUVENIRS, DE VOTRE VISION DES CHOSES ET DE VOTRE JUGEMENT.

Mais je ne vais pas vous laisser sur une si triste fin. Parce qu'il y a une suite ! En mars 2020 vient le fameux Covid et son confinement. S'éloigner les uns des autres m'a permis de me libérer de l'emprise de cette personne.

Comment ? Tout d'abord, j'ai pu reconnaître le gaslighting, mettre enfin un mot sur mes maux. Puis, j'ai pu établir des limites avec cette personne, comme refuser de répondre, de parler de sujets qui déclenchaient en elle le gaslighting. Et pour finir, je suis allée chercher du soutien auprès de personnes bienveillantes qui m'ont aidée à renforcer ma confiance en moi et à me rappeler la véritable réalité.
Aujourd'hui, j'essaie de réparer les pots qu'elle a cassés et cette fameuse Brenda est celle qui, à l'heure où je vous écris, m'aide à construire, penser, écrire ce livre. *Love you*, Brenda.
Voilà la fin heureuse !
Fin du générique. Ce n'est clairement pas le moment de verser sa larmichette, mais plutôt de se mettre un bon coup de pied aux fesses. Objectif : que cela ne nous arrive PLUS JAMAIS. Éclairer toutes celles qui se sont fait sournoisement éteindre.

Je ne prétends pas avoir la solution miracle pour vous sortir du gaslighting, mais je vous propose déjà de faire une petite introspection sur vos relations et identifier si vous êtes face à un gaslighter.
Suivez ma lanterne !

Reconnaître les signes que vous êtes face à un.e Gaslighter
Le détournement
Le transfert de responsabilité
La minimisation
La discréditation
Le mensonge
La compassion

01
Le mensonge

Caractéristique numéro une des gaslighteurs : ce sont des menteurs ! Alors certes, ils pourraient faire d'excellents joueurs de poker. Mais globalement, ils ne se retrouvent pas uniquement dans les casinos. Les gaslighteurs ont souvent un profil narcissique, ils n'aiment pas être mis en « défaillance ». Il est donc typique pour eux de mentir de manière flagrante et de ne jamais reculer, même lorsque vous fournissez la preuve de leur mensonge. « Tu inventes des trucs », « Ça ne s'est jamais produit », « Je ne m'en souviens pas », ou « Tu es folle » sont leurs phrases-clés.

02
La discréditation

« La meilleure défense, c'est l'attaque » est typiquement LA phrase qui définit l'attitude du gaslighteur. Mais attention, celui-ci est très malin et il n'attaquera pas à découvert. Son arme favorite, c'est la discréditation. Il s'amuse à manipuler l'opinion des autres contre vous et peut même faire semblant de s'inquiéter pour vous tout en disant subtilement aux autres que vous semblez émotionnellement instable. Malheureusement, cette tactique peut être extrêmement efficace et de nombreuses personnes peuvent se ranger de son côté sans connaître toute l'histoire.

03
Le détournement

Le gaslighteur manie l'art du détournement de sujet comme personne ! Il peut répondre à vos questions par des questions, inverser les interprétations ou encore détourner votre attention sur un autre sujet. C'est ce qu'on appelle « l'art de la rhétorique » : on y assiste souvent lors des interviews politiques ou chez les avocats. Le gaslighteur est un excellent orateur. Sa capacité à ne pas répondre aux questions ou à faire face aux situations gênantes est digne des plus grands experts. Il est tellement doué qu'il peut vous faire perdre le fil de vos pensées, mais aussi remettre en question le sens de vos interrogations. Eh oui, quelle nécessité y aurait-il à s'attarder sur un sujet sur lequel on n'a jamais de réponse ?

04
La minimisation

Une des techniques favorites du gaslighteur est de réduire à néant tous vos sentiments et toutes vos pensées. C'est simple : c'est un véritable génocide ! « Calme-toi », « Tu réagis de manière excessive » ou « Pourquoi es-tu si sensible ? » Toutes ces déclarations minimisent ce que vous ressentez ou ce que vous pensez. Le but : banaliser vos émotions pour gagner du pouvoir sur vous.

05
La compassion

C'est ainsi qu'on en vient aux armes de destruction massive du gaslighteur : les mots de compassion : « Tu es quelqu'un d'intelligent, tu devrais comprendre que tu as tort » ou encore « Je ne te ferai jamais ça », « Je suis là pour toi »... voici ses phrases-clés.
Le gaslighteur est une espèce loin d'être agressive. On l'a dit : il ne se bat pas à découvert. Il est plutôt du genre bien retranché dans son cerveau, à échafauder ses plans. Ses mots sont réfléchis et soigneusement choisis. Une véritable recette de maître !

06
Le transfert de responsabilité

Dernière technique de manipulation du gaslighteur, et pas des moindres : ce que j'ai dénommé le « c'est toujours de ta faute ».
Même lorsque vous essayez de discuter avec lui de son comportement, il est capable de déformer la conversation de sorte que vous finissiez par vous demander si vous en êtes la cause. Par exemple, il peut prétendre que, si vous vous comportiez différemment, il ne vous traiterait pas comme il le fait. En clair, il déplace le blâme pour réécrire l'histoire.

N'OUBLIONS JAMAIS : NOUS SOMMES NÉES POUR BRILLER !

5. Une badass qui fait non, non, non !

Dans la vie, il y a deux teams. Celles qui, toute la journée, font non, non, non, non, non ! Mais loin d'être des poupées version Polnareff, elles se révèlent être de véritables badass capables d'envoyer valser les gaslighteurs invétérés, d'avoir confiance en leurs émotions, avis et envies. JAMAIS vous ne les verrez dire « oui » juste pour faire plaisir. Quand quelque chose les dérange, elles le crient haut et fort. Respect !

Et puis, il y a celles qui sont incapables d'aligner ces trois lettres. Celles qui font plutôt partie de ce que j'appelle la « team Enrico ». « Donnez, donnez, donnez et Dieu vous le rendra » est leur credo. Dévouées corps et âme aux autres, elles sont plutôt capables de refouler leurs sentiments bien profondément, jusqu'à s'oublier complètement. Par peur d'offenser, elles deviennent un peu leur propre cape d'invisibilité ! Elles ont « un cœur d'amitié », certes, mais au détriment de leur propre bonheur. Bref, un niveau d'assertivité proche de zéro.

« L'ASSERVI-QUOI ? » Si vous n'avez aucune idée de ce que ce mot veut dire, rassurez-vous : je ne connaissais pas ce concept, ni même ce mot, il y a peu. Ce n'est pas étonnant, car l'assertivité et moi, ça fait deux. Maintenant que j'ai pris conscience de cette dure réalité, je travaille sur ce point de ma personnalité. Et c'est justement parce que je suis en plein dedans que j'aimerais vous en parler. Trêve de suspens. Pour le point culture G, le mot « assertivité » vient du terme anglais *assertiveness*. Il désigne la capacité à exprimer ses idées, ses opinions, à transmettre des messages tout en restant souple, agile, à l'écoute et en adaptation vis-à-vis de son interlocuteur. **Si je devais résumer la notion d'assertivité, je dirais que c'est la capacité à communiquer sans blesser**. Le tout sans jamais oublier de s'affirmer – soi et son opinion – lors de l'échange. Bravo à la team Polnareff !

7 signes qui montrent que vous vous oubliez au profit des autres

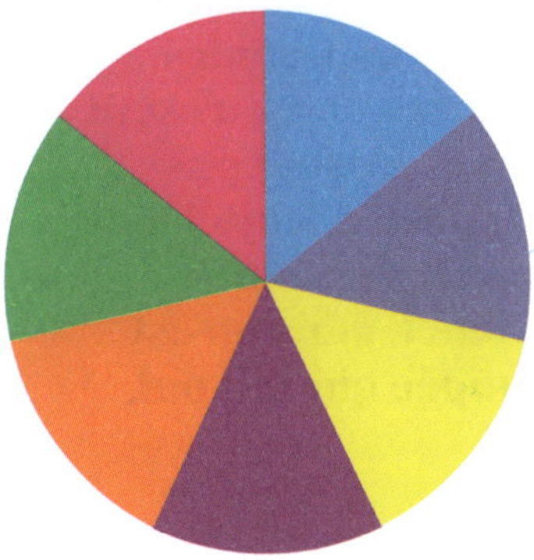

- Vous vous excusez sans cesse
- Vous n'aimez pas être en conflit
- Vous acceptez parfois l'inacceptable
- Vous encaissez tout ce qui ne va pas sans rien dire
- C'est difficile pour vous d'exprimer un avis contradictoire
- Vous donnez tout votre amour sans contrepartie
- Vous vous adaptez aux besoins et aux désirs des autres

Comment devenir une badass qui fait non, non, non ?

Dans un sondage réalisé sur le compte Instagram « C'est qui la boss ? », 82 % des 2500 femmes interrogées avouent ne pas arriver à dire « non » sans culpabiliser.

Pas étonnant : c'est un mal très présent chez les femmes. Loin de moi l'envie de crier le bras levé « La faute au patriarcat ! » mais, il faut l'avouer, les faits sont là.

Dès le plus jeune âge, on apprend aux petites filles à être gentilles, calmes, douces, aimables, charmantes, conciliantes, voire dociles. Une fille ne crie pas, ne répond pas et ne donne pas trop son avis. Une fille est forcément sage, discrète, ne prend pas trop de place, et surtout elle obéit ! Beaucoup de stéréotypes qui nous collent à la peau...

Voilà comment, en grandissant, les filles devenues femmes n'osent pas dire « non », n'osent pas s'affirmer, n'osent pas avoir confiance en leurs idées et ont du mal à s'assumer. Désolée, Michel, mais on est plutôt la poupée qui fait oui, oui, oui.

Mais l'assertivité, ça ne se conjugue évidemment pas qu'au féminin. Être assertif, c'est loin d'être naturel pour tout le monde. On a ce besoin, presque indélébile, d'acceptation sociale et de reconnaissance. C'est difficile de dire « non » principalement à cause du regard de l'autre, de ses réactions émotionnelles ou de son

jugement. On craint souvent le conflit, d'être dévalorisée, ou, pire, de ne plus être aimée et d'être rejetée.
Résultat : nous sommes partagées entre, d'une part, la volonté de protéger nos propres intérêts et d'exprimer nos réels sentiments et, d'autre part, la nécessité de protéger notre relation avec l'autre. Attention, *spoiler* : la grande gagnante est souvent la seconde !

Pour savoir si vous êtes plutôt team Polnareff ou team Enrico, replongez-vous dans vos souvenirs et voyez comment vous avez répondu face à :

- Un ami qui vous demande de lui prêter de l'argent (que vous savez pertinemment ne jamais revoir).
- Votre moitié qui vous demande d'héberger sa mère bien envahissante (pendant toute une semaine en plus !).
- Votre boss qui vous demande de l'aider à boucler un dossier, ce soir, alors que vous avez des places pour le concert de Beyoncé. (*Who run the world* ? Pas vous !)
- Votre BFF qui vient d'accoucher et qui vous lâche la fameuse phrase : « Alors, il n'est pas beau, mon fils ? » (Attention, je lis dans vos pensées.)
- Mamie Monette qui veut absolument vous resservir, pour la cinquième fois, son couscous. (Non, ça ne se refuse pas !) Un « non » pur et simple à ces sollicitations entraînerait à coup sûr des problèmes relationnels, dont on se passerait volontiers, surtout avec mamie Monette. On ne dit jamais « non » à sa grand-mère.

Lorsqu'on ose l'immense outrage de dire « non », on se sent obligé de se justifier, de bien détailler la raison de son refus. Vous voyez la scène ? Ces moments où l'on ne peut pas s'empêcher d'ajouter une succession de phrases pour s'excuser, du genre : « Je suis vraiment désolée », « Ne le prends pas pour toi », « En tout cas, bon courage », « C'est vraiment génial ce que tu fais », « Bonne continuation », « Une prochaine fois avec plaisir ». Et on creuse, on creuse, jusqu'à s'embourber complètement… Ça doit bien vous rappeler des souvenirs gênants de votre vie. Ne vous inquiétez pas, moi aussi !

Pour enfin oser dire « non » en toute détente, vu que je ne suis clairement pas la meilleure personne pour en parler, j'ai demandé à notre super coach de nous livrer ses conseils. Laissons place aux *boss tips* avec Laure Cohen.

Bosstips de

LAURE COHEN

Comment savoir dire NON ?

Tout d'abord, c'est très important de savoir dire « non » pour affirmer sa personne, pour marquer ses limites. Connaître ses limites, c'est se connaître soi-même et se connaître soi-même, c'est le début d'une bonne confiance en soi et d'une meilleure communication !
Mais le « non », contrairement à ce que l'on pourrait croire, n'est pas forcément quelque chose de dur ou de méchant. Je vous propose alors deux façons de formuler votre « non » pour qu'il paraisse moins radical et que vous soyez ainsi plus à l'aise pour le formuler.

1. Le « J'aimerais pouvoir, mais... »

La meilleure formulation que je peux vous conseiller, c'est de dire que vous aimeriez pouvoir l'aider, que vous comprenez le besoin et la demande, mais que pour l'instant ce n'est pas possible pour vous (sans pour autant vous justifier). Que vous seriez ravie de pouvoir l'aider, mais d'une autre manière.
En d'autres termes : « Je ne peux pas t'aider exactement comme tu en as besoin, comme tu le souhaites, mais dis-moi comment je peux t'aider autrement. »
Prenons un des exemples précédents :

- **Un ami qui vous demande de lui prêter de l'argent (que vous savez éperdument ne jamais revoir).**

→ ***« J'aimerais pouvoir t'aider, mais, en ce moment, je ne peux pas. En revanche, je peux t'aider avec plaisir à trouver de l'argent d'une autre façon. »***

2. Appuyez-vous sur le positif

Une autre façon de formuler son « non » est de répondre en appuyant sur le positif. On ne vous demande évidemment pas de mentir, au contraire. Il suffit plutôt d'analyser la question et de répondre d'une manière franche mais positive.

- **« Il n'est pas trop beau, mon fils ? »**

→ ***« Franchement, il dégage quelque chose ! Il a une super énergie ! »***

- **« Ressers-toi du couscous, ma fille ! »**

→ ***« Là, tout de suite, je suis rassasiée, merci mamie ! Mais je prendrais bien un Tupperware pour demain ! »***

CHALLENGE

Et si vous vous entraîniez un petit peu ?

Comment diriez-vous « non » face aux précédentes situations ?

1. Un ami qui vous demande de lui prêter de l'argent (que vous savez pertinemment ne jamais revoir).

....

....

....

2. Votre boss qui vous demande de l'aider à boucler un dossier, ce soir, alors que vous avez des places pour le concert de Beyoncé.

....

....

....

3. Votre moitié qui vous demande d'héberger sa mère bien envahissante...

....

....

....

DIRE NON NE SIGNIFIE PAS QUE L'ON EST ÉGOÏSTE, CELA SIGNIFIE QUE L'ON SAIT CE QUI EST BON POUR NOUS !

La badass qui fait non, non, non de manière non violente

Maintenant que le mot « non » fait partie intégrante de notre vocabulaire vient le moment d'exprimer nos sentiments, nos besoins et nos envies ! Mais pas trop vite. Toujours dans le respect de l'autre, bien entendu.

La frontière entre affirmation de soi et agressivité est parfois subtile, et moi, je ne suis pas du tout dans la subtilité ! Des défauts, j'en ai un paquet, il faut l'avouer. Et le plus grand d'entre eux est sans aucun doute ma difficulté, voire mon impossibilité, à exprimer mes sentiments. Pire : quand je décide de faire le grand saut à cause d'un trop-plein de ras-le-bol, c'est souvent un raté.

LA FRONTIÈRE ENTRE AFFIRMATION DE SOI ET AGRESSIVITÉ EST PARFOIS SUBTILE...

Mon schéma de fonctionnement se décompose en deux parties :

1. Le syndrome de la cocotte-minute

Tout d'abord, je plonge dans un bain bouillant de ruminements que l'on nomme « syndrome de la cocotte-minute ». Le processus est simple : un truc me saoule, je ne dis rien tout en maugréant et en roulant des yeux intérieurement parce que ça ne me plaît pas.

Ce que je pense   Ce que je dis

Puis un nouvel élément s'ajoute et là, d'un coup... Boum ! Tout ce qui n'était jamais sorti sort. Mes sentiments réprimés et contenus trop longtemps se libèrent, j'explose littéralement, faisant des dégâts sur le plan émotionnel, relationnel et parfois même matériel (R.I.P. aux nombreuses assiettes que j'ai envoyées valser).

Bref, avec moi, il n'y a pas de demi-mesure : ou je me tais ou j'explose.

2. Des mots comme armes

Et quand le pétage de plombs s'abat, disons que... je ne fais pas dans la dentelle.

Pied-noir d'origine, j'ai tendance à accentuer, voire à exagérer. Bon, je l'avoue, à totalement extrapoler toutes les situations dans lesquelles je me trouve, et les sentiments qui vont avec.

Le problème ? C'est que ça fait mal ! Les mots, dans certains cas, peuvent devenir de véritables armes. Pour ma part, j'utilise les mots comme des épées, alors qu'ils devraient être des boucliers. Le pire, c'est que ce n'est pas forcément dans les périodes de « trop-plein », c'est dans ma vie en général. Même dans les situations les plus banales.

Prenons un exemple. Au lieu de dire : « Je te l'ai déjà dit », je vais dire : « Je te l'ai dit trois cents fois. Tu ne m'écoutes pas. De toute façon, tu ne m'écoutes jamais. Ou alors tu dois avoir des problèmes d'audition. Dans ce cas-là, va consulter ! » Vous voyez le personnage ? La nana qui en fait des caisses pour rien.

La communication non violente

J'ai alors découvert un concept que je tente désormais de pratiquer au maximum : la communication non violente.

Alors, la communication non violente, c'est quoi ? C'est un outil de communication, principalement verbal, qui peut servir à la résolution de conflits, mais, surtout, qui permet de savoir enfin exprimer ce qu'on ressent sans blesser l'autre. Devenir la reine de l'assertivité, voilà mon nouvel objectif.

Je vous présente alors ce petit bonhomme, qu'on appelle OSBD pour les intimes, théorisé par Marshall Rosenberg dans son livre *Les Mots sont des fenêtres (ou bien ce sont des murs)*, (La Découverte, 2016), et qui est devenu mon meilleur ami :

1. Observer sans évaluer

2. Dire son sentiment en disant « je »

3. Exprimer son besoin sans parler d'action

4. Demander sans exiger

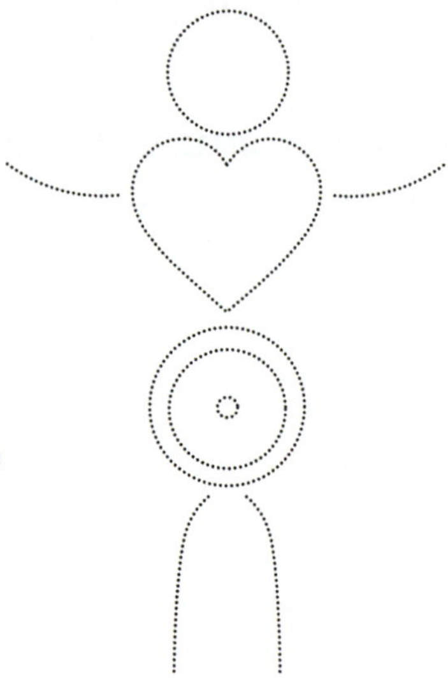

Maintenant que vous avez fait connaissance, je vous explique le principe.
Tout part de l'idée que le conflit prend racine dans le jugement qu'on se fait de soi ou de l'autre. Pour l'éviter, il faudrait changer ce système de pensée et considérer que :

→ Toute situation doit pouvoir être observée de manière factuelle, sans juger les autres : c'est l'**Observation** (**O**).

→ Chacun doit apprendre à identifier et exprimer ses sentiments (sentiment = émotion + compréhension) : ce sont les **Sentiments** (**S**).

→ Chacun doit apprendre à comprendre et exprimer ses **Besoins** (**B**).

→ Chacun doit apprendre à formuler des demandes réalisables, concrètes et précises : c'est l'étape de la **Demande** (**D**).

Si je devais résumer, la phrase type de la communication non violente serait donc :

« **Quand tu fais ceci (O), je me sens comme ça (S), car j'ai besoin de cela (B). Pourrais-tu, à partir de maintenant, plutôt faire comme suit (D) ?** »

C'EST POURTANT PAS COMPLIQUÉ DE REMETTRE UNE BOUTEILLE DE JUS D'ORANGE AU FRAIS !

Pour éclaircir tout ça, prenons un exemple très concret avec une mise en situation qu'on peut toutes avoir rencontrée (ou de façon similaire).
Si, par exemple, vous vivez avec votre moitié ou alors avec votre coloc. Que, chaque matin, cette personne se réveille avant vous pour aller travailler. Que, chaque matin, elle prend son petit déjeuner et s'empare du jus d'orange. Que, chaque matin, ce même jus d'orange, elle le laisse traîner sur la table et qu'il se réchauffe ou, pire, elle le remet dans le frigo alors que la bouteille est presque vide. Et que, CHAQUE MATIN, vous buvez soit du jus d'orange chaud, soit pas de jus d'orange du tout...

Voici deux façons de réagir face à un tel contexte :

1. Vous optez pour la non-communication (la plus répandue bien souvent) : vous ne dites rien, votre colère monte de jour en jour et puis, un matin, vous explosez comme une cocotte-minute. Sans crier gare, vous hurlez : « C'est pourtant pas si compliqué de remettre une bouteille de jus d'orange au frais, si !? » Face à vous, la réaction de cette personne : effarement, stupeur et, dans le pire des cas, réaction miroir !

Eh oui, avec ce long silence, elle n'a peut-être pas eu conscience de votre agacement et se retrouve désemparée, voire blessée lorsque vous vous fâchez. Et si, face à vous, vous avez un fort caractère, c'est parti pour l'embrouille. Pour un jus d'orange en plus.
Face au bordel provoqué par la réaction 1, vous optez plutôt pour la méthode de notre bon vieux bonhomme OSBD : **la communication non violente**.

2. Et voici typiquement ce qu'on peut répondre, de façon non violente, face à cette même situation : « Quand tu ne remets pas, après ton utilisation, la bouteille de jus d'orange au frigo (O : observation factuelle), je ne me sens pas considérée (S : sentiments) parce qu'il est important pour moi de boire du jus d'orange frais pour commencer ma journée du bon pied (B : besoins). Par conséquent, peux-tu penser à moi la prochaine fois et ne pas oublier de la remettre au frais, s'il te plaît (D : demande) ? »

Cette fois, si la personne en face de vous est stupéfaite, ce sera certainement parce qu'un tel niveau de maturité relationnelle est peu souvent exprimé, que ce soit entre amis ou en couple. Résultat : on a ce qu'on veut et sans conflit.

LAURE COHEN

Parole de boss

« J'utilise énormément la communication non violente dans mes coachings. Marshall Rosenberg, le fondateur de ce processus de communication, est à mes yeux un des plus grands sages que j'aie pu lire et étudier. Je suis aussi beaucoup Thomas d'Ansembourg ou Isabelle Padovani, les héritiers de Marshall Rosenberg pour les francophones.
L'idée est simple : il faut toujours revenir à son besoin plutôt qu'à un reproche. Le reproche, c'est l'expression désespérée d'un besoin. Si j'ai un reproche à faire à quelqu'un, je dois retourner à la source. Après, il faut le reformuler comme un besoin parce que l'autre aura beaucoup plus de facilité à l'entendre et à me donner de l'empathie aussi. Du coup, moi, je lui en donnerai aussi. Et on entrera dans un cercle vertueux !
Le « cercle vertueux », c'est d'ailleurs le nom de la méthode de communication que j'ai mise au point grâce à mon parcours et mes années d'expérience, et que je propose dans mes coachings. Elle regroupe tous ces outils entre autres. »

Une dispute de couple toxique

Toi *vs* moi

Une dispute de couple saine

Toi et moi *vs* le problème

6. Le passage du diamant

ET LA COMMUNICATION NON VIOLENTE, ÇA MARCHE AUSSI ENVERS SOI-MÊME !

Protège ton mindset

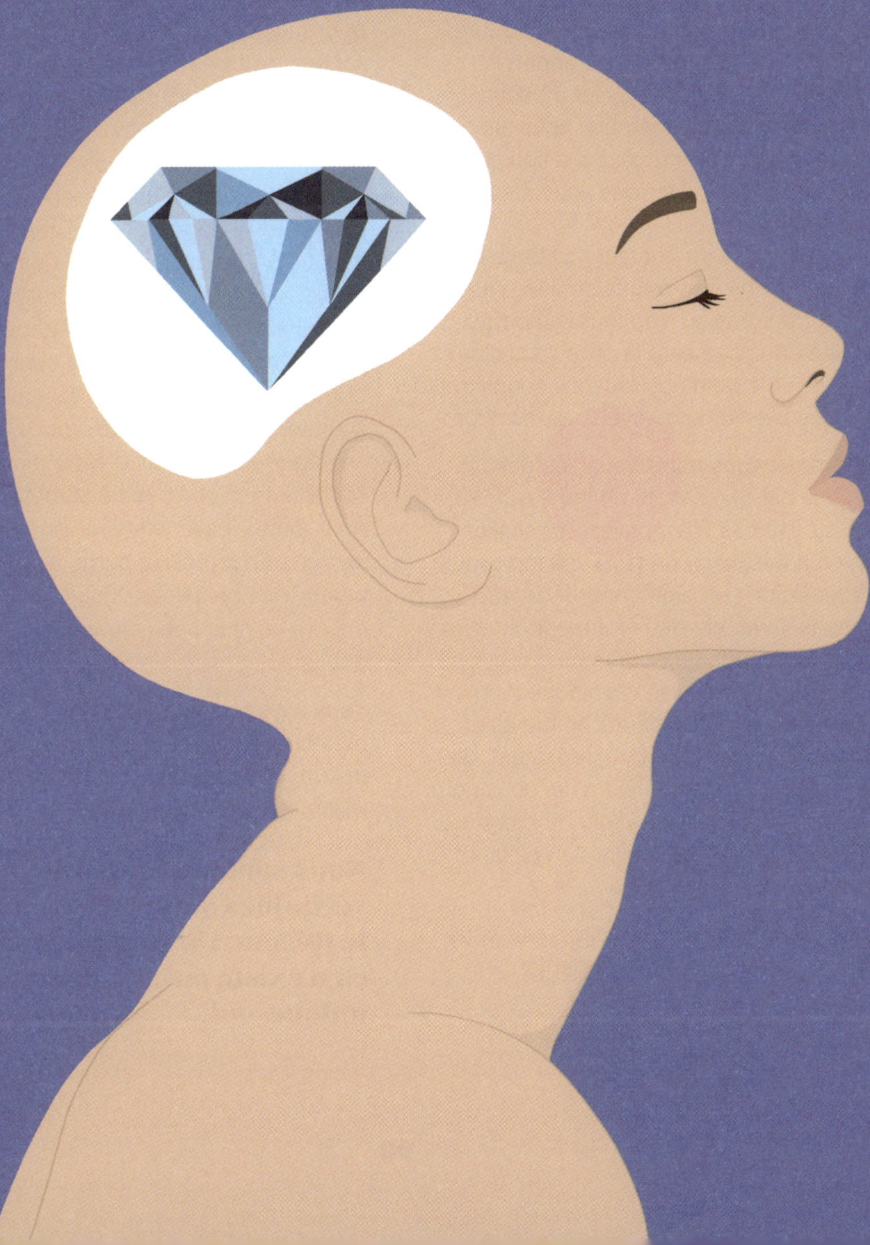

MESDAMES, ICI VOTRE COMMANDANTE DE BORD. BIENVENUE SUR LE VOL « C'EST VOUS LA BOSS ! » ASSURÉ PAR LA COMPAGNIE AIR DIAMANT.

Veuillez attacher votre ceinture de sécurité, notre appareil va bientôt décoller à destination de votre passé. Ensemble, nous allons voyager dans le temps, dans l'unique but de vous prouver que vous êtes nées pour briller.
N'oubliez pas de charger vos bagages dans les compartiments dédiés, s'ils sont trop gros ou trop lourds à porter, notre équipage sera là pour vous aider à soulever le poids de tous les coups durs et des blessures que vous avez endurés.

Commençons notre traversée dans le passé par une escale en Inde en 1698, là où Thomas Pitt, gouverneur anglais de Madras, vient de faire une incroyable acquisition : un diamant brut de 426 carats. Il décide de l'emmener chez un joaillier londonien pour transformer ce caillou indien en un magnifique diamant taille coussin. 286 carats en moins et des décennies plus tard, le Régent, de son petit nom, est aujourd'hui considéré comme le plus beau joyau du monde, et vous pouvez découvrir son éclat au musée du Louvre de Paris.

Sympa, cette petite histoire, mais vous devez certainement vous demander pourquoi je vous la raconte. Eh bien, sachez qu'il y a une morale dans tout cela. Le petit Régent n'est pas devenu le plus incroyable diamant du monde comme ça ! Non, non, non.
Au début, il était là, bien caché, enfoui sous la terre depuis des millénaires.
Il faut bien l'avouer, il n'avait rien pour plaire : plein de petites impuretés cachaient sa beauté, loin d'être révélée.
Et puis, notre Régent, il en a subi, des choses. Il a été scié, taillé, façonné, sculpté, poli pendant près de DEUX ans pour qu'il devienne cette pierre scintillante, d'une beauté stupéfiante dont toutes les facettes réfléchissent la lumière. En route, il a perdu aussi des carats, des centaines ! Pourtant, il est encore là, plus beau et plus rayonnant que jamais.

Vous voyez où je veux en venir, mesdames ? Cette histoire est, je trouve, une superbe métaphore de notre réalité (et de nous-mêmes).

Nous sommes toutes de véritables diamants, comme le Régent. Un diamant parfait, ça n'existe pas. Un diamant unique, oui.

Et pour qu'on révèle tout ce que nous avons de meilleur en nous, il va falloir nous aussi retirer toutes les petites impuretés qui viennent gâcher notre éclat : les croyances limitantes.
C'est ce que j'ai appelé « le passage du diamant ».

Les croyances limitantes sont toutes les fausses idées (phrases, mots, peurs) que nous nous faisons à notre propos, que nous prenons pour acquises et qui nous freinent dans notre développement personnel. C'est finalement bâtir notre vérité à partir de nos incertitudes.

Des croyances limitantes, vous comme moi, on en traîne depuis l'enfance.
Ce sont ces petites pensées, pas très sympathiques, du genre : « Je ne suis pas assez maigre pour porter cette robe » (pensée liée à soi), « Elle est meilleure que moi, je suis nulle » (liée aux autres), « La réussite, c'est avoir de l'argent » (liée à la société). Le pire dans tout ça, c'est que ces petites voix, c'est nous qui les créons. À force, elles deviennent une certitude, de manière consciente ou inconsciente. Je vous rassure, on n'est pas à 100 % coupable. Bien évidemment, on les a forgées sur la base de notre enfance, de notre éducation, de nos émotions ou encore de ce que les gaslighteurs ont bien voulu nous mettre dans le crâne. Bref, à partir de tout ce que nous avons vécu, entendu, ressenti ou observé autour de nous.

Continuons notre voyage, avec un stop en enfance. Prenons l'exemple de cette jeune fille à qui on a toujours dit qu'elle n'était pas assez belle pour percer sur le grand ou le petit écran.
Elle prendra cette information comme étant véridique et définitive, elle ne trouvera aucun intérêt à s'attarder sur quelque chose qu'on lui a rabâché comme étant inaccessible pour elle.
Alors forcément, si elle s'imagine que, pour être la prochaine star de Hollywood, il faut être un canon de beauté absolument parfait, elle ne risque certainement pas d'être présentatrice, artiste ou encore actrice, ni d'être la grande disruptrice de ce cliché bien ancré ! Comme ça, c'est bien tout raté...

Bref, **nous sommes nos croyances**.
Elles sont la source de tous nos comportements et de toutes nos décisions, car nous agissons en fonction de ce que nous pensons être bien et vrai.

Le problème ? Notre cerveau ne se soucie pas de savoir si ces croyances nous font du mal ou du bien : il applique fidèlement ce que l'on pense et provoque les résultats qui en découlent. En les suivant, on passe bien souvent à côté de ce qu'on aurait pu être. Pire, de ce qu'on désire être. Et là, c'est le drame ! En gros, notre cerveau a beau être un big boss, il ne peut pas tout faire. Nos pensées décident, notre cerveau agit !

La grande tragédie de toute cette histoire, c'est que nos croyances limitantes sont, comme leur nom l'indique, des CROYANCES ! Autrement dit, ce ne sont pas des faits, elles peuvent donc être non avérées. En gros, on peut se tromper durant toute une vie !

ALORS, POUR ÉVITER LE CRASH, IL FAUT PRENDRE D'ASSAUT NOS CROYANCES LIMITANTES ET LES DÉTOURNER À TOUT JAMAIS. ET C'EST PAR ICI QUE ÇA SE PASSE !

Comment passer d'une croyance limitante à une croyance aidante ?

ÉTAPE 01
Identifier les croyances limitantes

La première étape pour neutraliser les croyances limitantes est d'en prendre conscience et de les identifier. L'idée est de prendre le temps de réfléchir à nos pensées et à nos convictions qui nous empêchent d'atteindre nos objectifs et de nous réaliser pleinement.

Par exemple, dans mon cas, j'ai une croyance limitante qui m'habite assez régulièrement. Avant chacun de mes projets, j'ai une sorte de petite voix intérieure qui vient mettre un peu le bazar dans mon esprit. Si je devais la formuler, ça donnerait ça : « Tu n'es pas assez forte pour que ça marche ! », « Tu n'as pas les bonnes compétences ! », « Tu n'es pas à la hauteur ! »

L'origine ? Je dirais un mélange de croyances limitantes que je me suis imposées à moi-même, plus, il faut l'avouer, un peu de ce que ma gaslighteuse m'a rabâché.

NOUS SOMMES CE QUE NOUS PENSONS.

LEXIQUE

Souvent, ces croyances sont des phrases courantes qui ont une même construction. Voici déjà un petit lexique pour les repérer plus facilement.

Les croyances liées à soi	**Je ne suis pas « assez »**	**Je ne suis pas assez** intelligente pour réussir dans ce domaine
	Je suis « trop »	**Je suis trop** vieille pour être prise sur ce poste
	Je ne mérite pas	**Je ne mérite pas** de gagner plus d'argent parce que je ne suis pas assez qualifiée
	Toujours	Je fais **toujours** les mauvais choix en matière de relation amoureuse
	Jamais	Je n'ai **jamais** de chance dans la vie
Les croyances liées aux autres	**Les autres**	**Les autres** sont beaucoup plus forts que moi
	Moins que	Je suis **moins** importante **que** mon frère pour mes parents
	Personne	**Personne** ne peut me comprendre
Les croyances liées à la société	**Il faut**	**Il faut** avoir beaucoup d'argent pour réussir
	Tu dois	**Tu dois** t'habiller correctement pour que l'on te prenne au sérieux
	Possible	Il n'est pas **possible** de réussir sans un diplôme universitaire

→ N'hésitez pas à mettre vos croyances limitantes en perspective : d'où vient cette croyance et pourquoi vous la croyez ? Est-elle vraiment fondée ou est-elle le résultat de vos propres peurs et insécurités ? Est-elle le résultat de messages que vous avez reçus de votre entourage, ou de la société en général ?

→ Cherchez ensuite des preuves qui vont à l'encontre de cette croyance avec des exemples concrets qui peuvent venir la contredire.

Eh, psst... Je vous livre ma petite méthode plutôt fun et simple qui consiste à noter/lister toutes mes petites victoires, mes succès, tout ce que j'ai réussi à relever haut la main. Des exemples concrets du type : « J'ai écrit un livre », « J'ai pris du temps pour moi », « J'ai organisé un événement ». Je les écris sur un Post-it que j'insère ensuite dans une petite boîte. Et à la fin de l'année, j'ouvre cette boîte pour me faire une petite rétrospective.

Un bon moyen de voir tout le chemin que j'ai accompli et qui montre (aussi) que j'ai les compétences pour que les choses marchent !

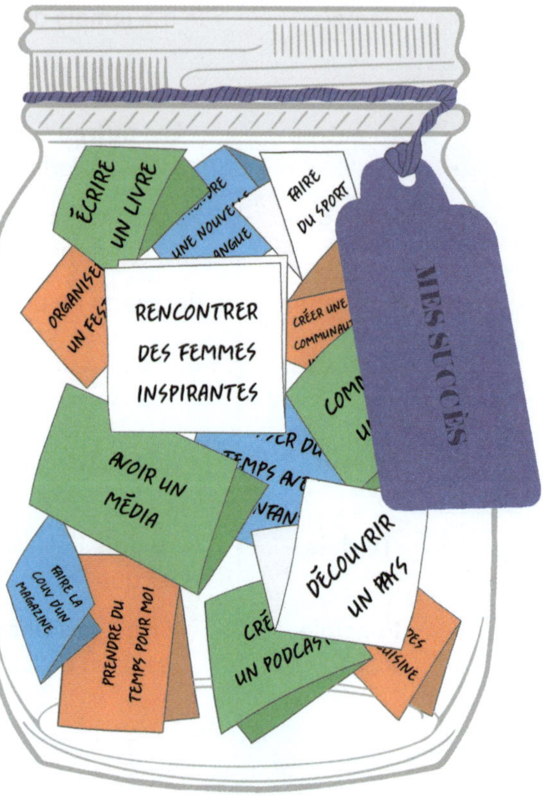

ÉTAPE 02

Remplacer les croyances limitantes par des croyances positives

La seconde étape est la pensée positive, l'autosuggestion, l'autovalorisation, l'autopersuasion ou encore la visualisation. En clair, il s'agit de remplacer ces croyances par de nouvelles **croyances positives.**

En changeant un tant soit peu notre vocabulaire et en nous mettant dans le crâne des pensées positives, notre cerveau va alors travailler sans relâche à la réalisation de ces pensées. Il faut tailler, façonner, sculpter notre caboche, comme le petit Régent, pour que celle-ci révèle tout ce qu'on a de meilleur en nous.

En opposant volontairement des affirmations positives à nos peurs, à nos craintes et à nos pensées négatives, on peut prendre le contrôle de notre subconscient et l'encourager à vaincre tout ce qui le bloque.

C'est la méthode Coué pour certains, la loi de l'attraction pour d'autres, ou encore l'approche Lorie avec sa « positive attitude » pour les fans des années 2000, et plus récemment la technique de Lena Situations avec son équation « + = + » (*Toujours plus*, Robert Laffont, 2020). Pour moi, vous l'aurez compris, ce sera donc « l'épreuve du diamant » !

LALAA MISAKI

Parole de boss

“ Moi, je m'autodiscipline. Les mots sont une énergie qu'on envoie aux gens mais surtout que l'on s'envoie à soi-même. Par exemple, je n'emploie jamais le mot « si ». « Si » est une probabilité ! Eh bien non ! Moi, quand je veux quelque chose, je n'emploie jamais le mot « si ».
Une parole bienveillante peut changer la vie de quelqu'un, on le sait, c'est pareil pour nous aussi ! Si tu te réveilles chaque matin et qu'on te dit : « Tu es belle ! », tu vas finir par y croire, même si tu n'as pas confiance en toi. Alors, pourquoi ne pas se le dire à soi-même ? ”

Les affirmations positives ont le pouvoir de restructurer complètement notre système de pensée. La boss Alicia Keys a elle-même avoué que le pouvoir des mots avait été une révélation : « Je n'avais jamais pris le temps de voir que les choses nonchalantes que je disais, même sur le ton de l'humour, provoquaient ce qui allait se passer dans ma vie. [...] Je suis reconnaissante d'avoir été confrontée à ce concept, que les mots qu'on utilise dans la vie quotidienne soient des moyens de construire son propre chemin. »

POWER CHALLENGE
AFFIRMATIONS POSITIVES

La question que tout le monde se pose maintenant est : comment formuler des affirmations positives et puissantes pour en finir avec nos croyances limitantes ?

1. Écrivez-les à la première personne du singulier. Le but étant de vous parler à vous-même.

2. Écrivez-les au présent. Les affirmations sont construites afin que vous changiez vos ressentis immédiats. Votre véritable force se trouve dans le moment présent.

3. Utilisez des adjectifs positifs. C'est le moment de renverser toutes croyances limitantes !

Par exemple, si vous avez tendance à vous dire : « Je suis trop timide pour prendre la parole en public », transposez-moi ça en une version positive : « Je suis réservée et discrète, donc je suis une confidente super digne de confiance, voire une super espionne. »

Vous avez compris le truc ?

Et n'oubliez pas : ces affirmations positives ne sont pas gravées dans la roche, comme disait Sniper. Amusez-vous à optimiser vos affirmations au fil du temps. Dès que vous changez, vous pouvez les adapter également à d'autres points que vous souhaitez améliorer.
Et si jamais vous n'êtes pas très inspirée pour bousculer votre état d'esprit, voici quelques idées de pensées positives !

DES MOTS POUR CONSTRUIRE MA CONFIANCE EN MOI

- JE SUIS UN DIAMANT
- JE SUIS IMPORTANTE
- JE SUIS TRÉS BIEN COMME JE SUIS
- JE SUIS NÉE POUR BRILLER
- MA PAROLE A DU POIDS
- J'AI LE DROIT DE PRENDRE DU TEMPS POUR MOI
- JE SUIS CAPABLE DE BIEN DES CHOSES

À se répéter chaque matin devant son miroir sans modération !

CHALLENGE

Maintenant, à votre tour, trouvez des affirmations positives à votre sujet :

....

....

....

....

....

....

....

....

....

....

....

....

Atterrissage immédiat vers une bonne estime et confiance en soi !

J'AI CHANGÉ
L'ALARME DE MON
RÉVEIL PAR DES
APPLAUDISSEMENTS
POUR ENFIN AVOIR
LA RECONNAISSANCE
QUE JE MÉRITE
EN ME LEVANT TÔT.

7. Avis de tempête d'émotions

NOUS SOMMES DES QUEENS. NOUS SOMMES DES SUPERHÉROÏNES. NOUS SOMMES DES DIAMANTS.

Mais nous ne sommes pas des paquebots indestructibles. Attention à ne pas percuter la positivité toxique et rejeter nos émotions.

Lizzo, Bella Hadid ou encore Selena Gomez… autant d'exemples de boss qui affichent sur les réseaux leurs émotions et particulièrement leur tristesse. Elles sont de plus en plus nombreuses à le faire. C'est ce qu'on appelle le « *sadfishing* », cette tendance qui consiste à se filmer ou à se photographier en train de pleurer. Certaines le voient d'un œil positif, comme une sorte de pied de nez à l'injonction à la perfection. Même les plus puissantes d'entre nous ont le droit de tanguer, de chavirer, voire de sombrer.

Alors que d'autres y voient une quête du buzz, force est de constater que ce genre de posts ont bien plus de succès que les autres.

6 bonnes raisons de pleurer

1.Pour décharger, évacuer toutes nos émotions enfouies

2.Créer et renforcer des liens émotionnels

3.Soulager les douleurs physiques et émotionnelles

4.Pour appeler à l'aide

5.Développer sa résilience

6.Favoriser sa guérison

Quoi qu'il en soit, elles ont eu le courage d'assumer et surtout d'accepter leurs émotions, chose qui n'est pas toujours facile à faire. C'est ce qu'illustre un sondage réalisé sur le compte Instagram @cestquilaboss dans lequel 78 % des 2 500 femmes interrogées confient qu'elles aimeraient apprendre à exprimer et à gérer leurs émotions.

Plutôt normal, vous me direz. Quand celles-ci arrivent, on a souvent du mal à les appréhender et à les maîtriser. Résultat : on se laisse submerger, on a des réactions parfois disproportionnées et on prend des décisions émotionnelles qui sont loin d'être les meilleures pour naviguer sereinement dans l'océan de la vie. Et là, c'est un peu la cata. Le navire coule, on se noie dans un trop-plein d'émotions. Il faut envoyer les feux de détresse.

Moi aussi, niveau émotions, j'étais dans le même bateau, un véritable tourbillon.

D'un côté, j'étais un iceberg, glaciale et solide. Mes émotions, je les enfouissais six pieds sous terre. Pour moi, pleurer, c'était pour les faibles. Je n'avais pas compris que les reines aussi ont le droit d'être vulnérables.

Mais d'un autre côté, pour les choses totalement futiles, j'étais et je reste une véritable émotive. Devant ma télé, je peux m'effondrer en larmes pour un détail. Une épave.
Pas besoin du naufrage du *Titanic*, il m'en faut bien moins que ça : un petit chien qui meurt dans une fiction, la fin de la « Star Ac' » ou même une élimination injuste dans « Koh Lanta » peuvent m'émouvoir plus que de raison. Plutôt étrange, non ?

Autre chose, que je trouve pire, je suis la bonne copine toujours là, et à apporter mon soutien pour motiver les troupes, mais lorsqu'il faut consoler quelqu'un, je perds tous mes moyens. Si vous cherchez du réconfort, c'est sauve-qui-peut. Je ne sais pas comment réagir, je ne trouve jamais les bons mots. Mais ce que j'ai compris avec le temps, c'est que **pour s'assumer pleinement, il faut être au clair avec ses émotions. C'est en les connaissant, elles, qu'on apprend à se connaître, soi.** On retrouve ici ce qu'on disait sur la conscience de soi.

Et c'est en apprenant à les identifier et à les interpréter qu'on peut mieux cerner ce qui en est à l'origine et ainsi réagir de façon plus appropriée.

Grosso modo : nous ne sommes pas responsables des choses qui nous arrivent, **mais nous sommes responsables de notre réaction face à nos émotions** issues de telle ou telle situation.

Je me suis alors penchée sur la question des émotions. Comment les identifier, les accepter, les exprimer et les gérer ? Suivez votre capitaine !

Écoutons notre corps !

Les émotions sont un peu comme un signal, mais pas forcément de détresse. Elles visent aussi à attirer notre attention et portent un message. Elles sont comme des phares qui servent à nous guider et à adapter nos réactions à des situations.

En clair :

[ÉMOTION = INFORMATION]

Mettons-nous d'accord : il n'y a pas de bonnes ou de mauvaises ~~situations~~ émotions. Les mots « positif » et « négatif » induisent que certaines émotions, les positives, sont à privilégier, alors que d'autres, les négatives, sont à proscrire ou à éviter. C'est hors de question. Toutes les émotions sont importantes et méritent d'être ressenties ! C'est bien clair ? Continuons.

Le mot « émotion » vient du latin *emovere* qui signifie « en mouvement ». Une émotion, c'est d'abord une manifestation interne, brève et spontanée, qui peut générer une réaction externe. **Autrement dit, les émotions utilisent le corps pour s'exprimer et se révéler**. Donc, si vous ne parvenez pas à exprimer vos émotions, c'est le corps qui va s'en mêler... et même s'emmêler ! Comme on l'a vu avec les Power Postures, notre corps peut agir sur notre mental et nos émotions.

Mais la réciproque est vraie aussi. C'est-à-dire que nos émotions peuvent également se faire ressentir physiquement d'abord.

La Dr Susan Babel, psychologue spécialiste de la dépression, a écrit dans la revue *Psychology Today* (« The Connections Between Emotional Stress, Trauma and Physical Pain », 8 avril 2010) : « Les études montrent que des douleurs chroniques peuvent non seulement être causées par des blessures physiques, mais aussi par le stress et des problèmes émotionnels. [...] Souvent, les douleurs physiques ont pour fonction d'alerter une personne qu'un travail d'ordre émotionnel doit être fait », explique-t-elle.

Par exemple, si vous avez souvent la migraine, cela peut être dû à un gros stress. Comme les épaules tendues et la sensation d'un poids lourd peuvent être le signe d'un fardeau émotionnel que vous portez.

Notre corps nous envoie des S.O.S. Il serait temps de l'écouter afin d'éviter le naufrage.

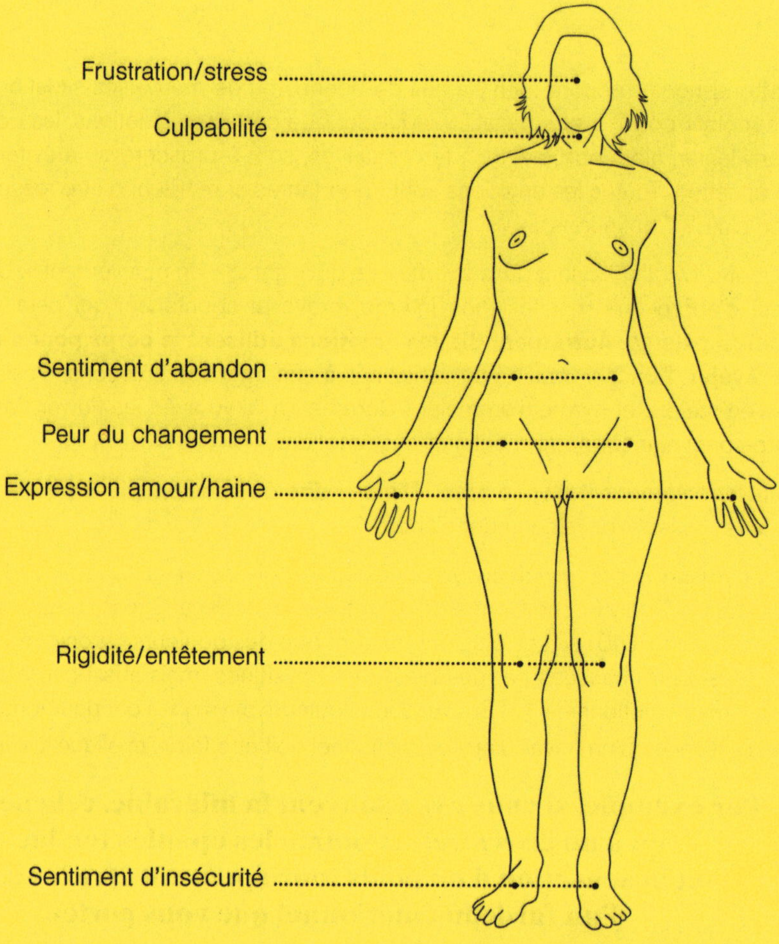

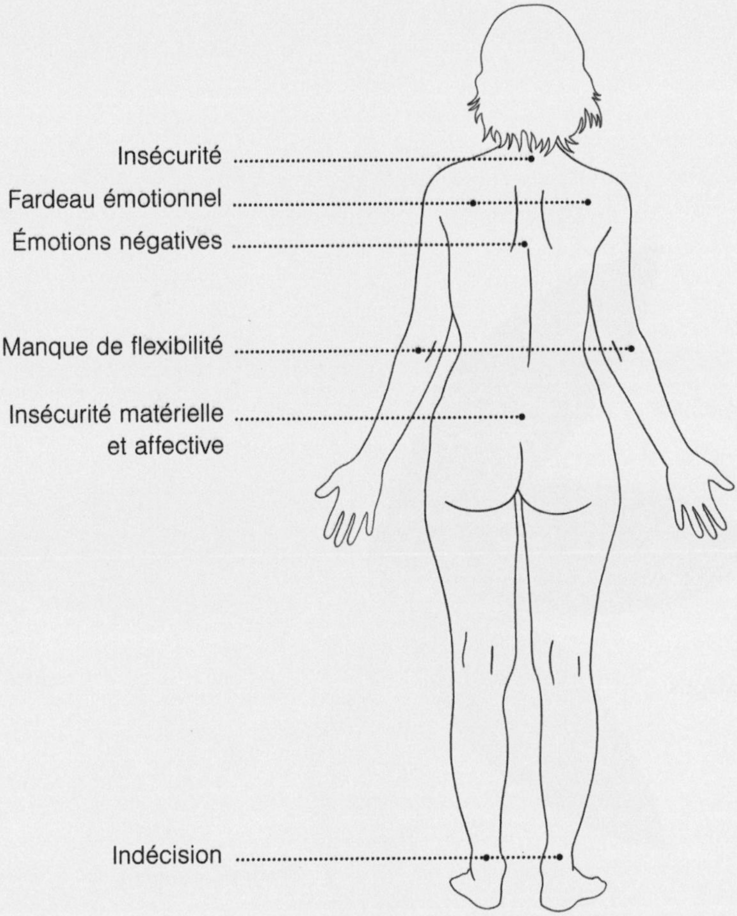
Insécurité
Fardeau émotionnel
Émotions négatives
Manque de flexibilité
Insécurité matérielle
et affective
Indécision

Décryptons nos émotions

Une émotion ne se contrôle pas, mais se décrypte. Elle aura toujours besoin de s'exprimer, même si nous la refoulons. Pour cela, il nous faut une super boussole, un outil capable de nous aider à naviguer dans le flot de nos émotions : la roue de Plutchik. Psychologue américain, Robert Plutchik a élaboré en 1980 toute une théorie sur les émotions pour comprendre leurs origines, comment les décrypter et surtout comment les gérer.

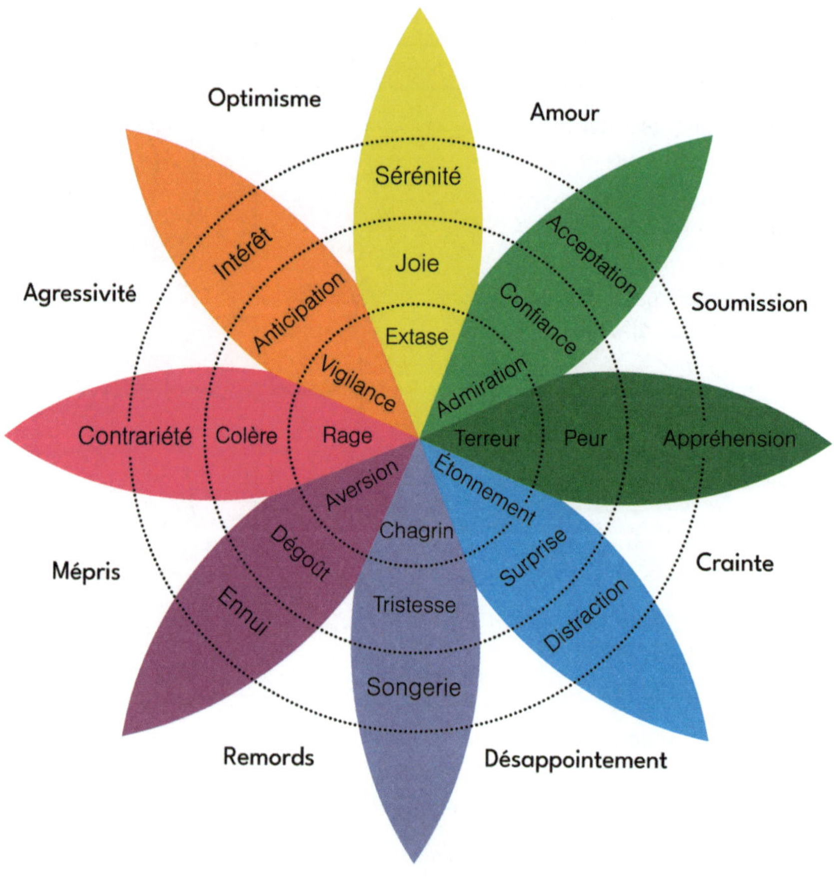

01

Identifier ses émotions

Selon monsieur Plutchik, nous avons quatre émotions dites « primaires » : la peur, la colère, la joie et la tristesse. Il associe ensuite chacune d'elles à une émotion secondaire. Cette seconde émotion est due aux réponses cognitives que nous faisons à l'instant de l'émotion primaire. Il associe la peur à la surprise, la colère à l'anticipation, la tristesse au dégoût et la joie à la confiance. Et voilà nos huit émotions principales !
Pour faciliter la compréhension de la relation entre ces huit émotions, Plutchik les a ensuite associées par paires opposées :

JOIE/TRISTESSE
DÉGOÛT/CONFIANCE
COLÈRE/PEUR
ANTICIPATION/SURPRISE

02

Identifier l'intensité de ses émotions

Ce n'est pas tout : il faut aussi se questionner sur l'intensité de son émotion. En observant la roue, vous noterez que chaque émotion principale est déterminée par différentes émotions selon le niveau d'intensité. Par exemple, lorsque vous êtes en colère, vous pouvez être simplement contrariée, mais cela peut aller jusqu'à la rage. Il en va de même pour chaque émotion.

03

Combiner ses émotions

Mais vous allez me dire que huit émotions, c'est trop peu pour tout ce qu'il se passe dans votre tête et dans votre cœur. Je suis tout à fait d'accord avec vous. Selon Plutchik, les émotions, c'est un peu comme les couleurs, il faut les mélanger pour en créer de nouvelles !

JOIE + CONFIANCE = AMOUR
SURPRISE + TRISTESSE = DÉCEPTION
PEUR + ANTICIPATION = ANXIÉTÉ
(etc.)

04

Gérer et accepter ses émotions

Vient donc la phase quatre de la roue de Plutchik : l'interprétation. Savoir identifier les émotions que l'on ressent et leur intensité, c'est bien. Savoir en tirer des leçons et des informations, c'est mieux !

La roue de Plutchik ne reste qu'un outil bien inutile si l'on ne fait pas quelque chose de cette analyse des émotions. Il faut donc s'interroger sur le pourquoi de leur apparition : « Pourquoi telle chose m'énerve autant ? » « Pourquoi je me sens plus heureuse lorsque je fais ce travail ? » En se posant ce type de questions, on peut, petit à petit, mettre le doigt sur nos véritables aspirations, sur ce qui ne va pas dans nos relations ou dans notre situation, mais aussi sur les raisons de certaines de nos réactions.
Si je ressens de la colère, je peux chercher en moi ce qui m'a déçue et identifier l'origine des frustrations. Grâce à ce processus, je pourrai alors mieux expliquer mon sentiment de colère à mes proches, ou mettre en place des actions concrètes pour effacer les frustrations et les non-dits accumulés qui ont fait naître ce sentiment.

Tout cela est primordial pour mieux communiquer avec les autres, mais aussi avec nous-mêmes, sur ce qui nous dérange, ce que l'on veut vraiment, voire sur les changements à entreprendre. De quoi ai-je besoin pour accueillir, accepter et être en accord avec cette émotion ?

Comment réagir à un gros choc émotionnel ?

Si tout cela permet de tenir à flot nos émotions du quotidien, il peut arriver que des imprévus nous poussent à deux doigts du naufrage.

La vie de n'importe quelle boss, on le sait, est loin d'être un long fleuve tranquille. Il y a des hauts et des bas. Parfois, encore plus dur, arrivent de gros chocs émotionnels, des épreuves de la vie, des drames, des challenges qui viennent nous mettre plus bas que terre et laissent une trace indélébile au plus profond de notre cœur et parfois même, de notre corps. Comment s'en sortir ? C'est tout l'objet de cette partie.

Continuons notre traversée dans l'océan de nos émotions avec un arrêt en 1969, là où une boss du nom d'Elisabeth Kübler-Ross a théorisé notre tempête d'émotions dans son livre *Les Derniers Instants de la vie* (Labor et Fides, 2011, rééd). Bon, c'est vrai, elle ne l'a pas réellement nommée « l'avis de tempête d'émotions » (c'est ma petite invention à moi), mais plutôt « la courbe du deuil » (oui, c'est moins sexy et un peu flippant dit comme ça). Mais détrompez-vous ! Cette psychiatre suisse s'est aperçue qu'il existait un « processus » presque commun à toutes et tous quand il nous arrive un coup dur. Même si le mot « deuil » peut faire peur, il ne s'apparente pas forcément à la disparition d'un être cher.

À ce titre, toute épreuve qui marque une grande rupture peut être considérée comme un deuil : faire le deuil d'une relation amoureuse ou amicale, d'un travail, de quelque chose qui n'arrivera jamais, d'une vie passée (la vie d'avant le Covid, par exemple), de ses cheveux (comme avec Anna @disruptivebeauté), etc.

Elisabeth Kübler-Ross décrit le deuil en cinq étapes : déni, colère, marchandage, dépression et acceptation. La courbe du deuil ci-après en est une représentation schématique.

La courbe du deuil

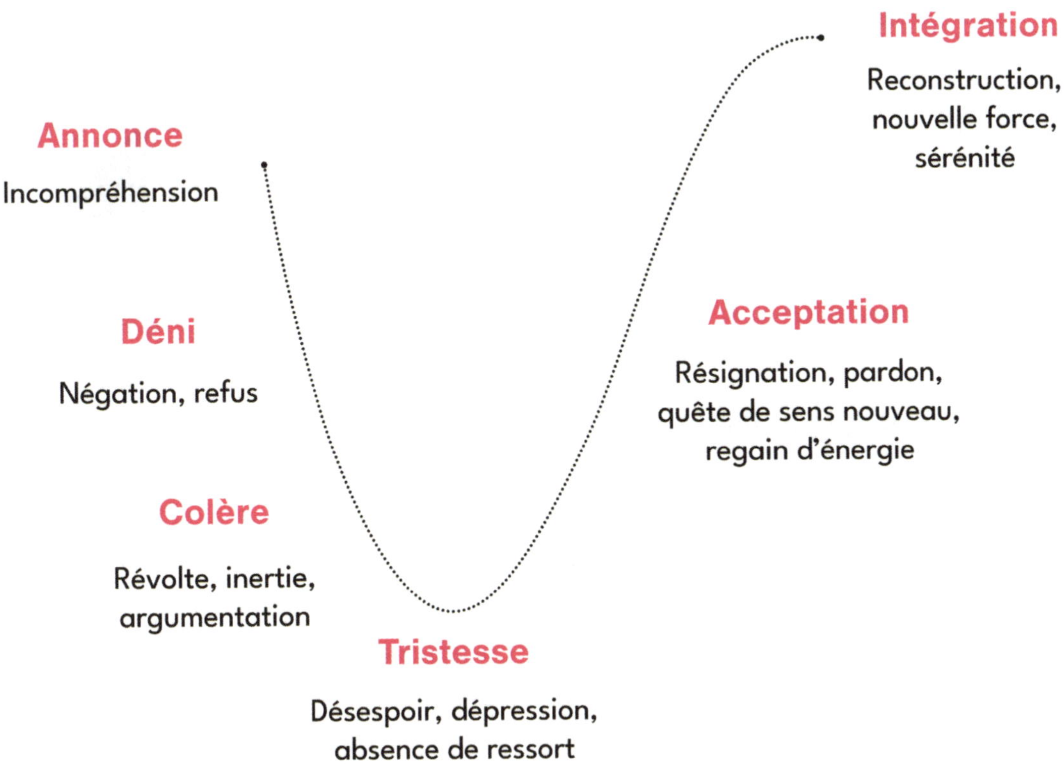

J'ai vécu, en écrivant ce livre, le plus gros choc émotionnel et la plus grande tristesse de ma vie. J'ai perdu ma grand-mère, qui était comme une seconde mère pour moi. La boss, la reine de notre famille, dans les pires circonstances qui soient : écrasée en bas de chez elle par une conductrice inattentive qui ne l'avait pas vue traverser alors qu'elle se rendait à notre dîner en famille. Oui, le vrai scénario catastrophe.

Je me rappellerai toute ma vie ce coup de fil, ces lumières, ces sirènes de pompiers en bas de chez elle et ces longues semaines à l'hôpital à prier pour qu'elle s'en sorte...

Pas besoin d'entrer dans les détails douloureux et sordides de cette histoire, mais durant cette grande épreuve familiale, une chose m'a particulièrement frappée : chaque membre de ma famille est bel et bien passé par les différentes étapes de cette courbe du deuil, toutefois, chacun a vécu ces phases à sa façon. Certaines phases ont été plus ou moins longues, sont arrivées dans un ordre différent ou encore ont été vécues de manières multiples.

Les 5 phases du deuil

1. Le déni. Le fameux « Je n'y crois pas ! », « Je ne réalise pas ! ». Un mécanisme de défense courant qui consiste à penser que la perte ou le changement n'est pas réel.

2. La colère. « Pourquoi moi, lui, elle, nous ? » Le chagrin que l'on a nié se transforme en colère. On ne croit plus en rien, le monde autour devient amer et injuste.

3. Le marchandage. Durant cette phase, les phrases commençant par « Et si » se multiplient. On élabore une multitude de scénarios pour empêcher l'issue. Cette étape est vécue particulièrement lors des moments d'attente et d'incertitude, comme pour la maladie, par exemple. On tente de négocier. On espère une intervention extérieure, voire divine.

4. La dépression. La tristesse nous envahit. On est clairement en bas de la courbe. Le point d'atterrissage inévitable.

5. L'acceptation. On remonte peu à peu la pente. On se dit que la vie continue et qu'elle vaut tout de même la peine d'être vécue. Ce n'est pas nécessairement une étape heureuse et elle ne signifie pas que nous avons dépassé le chagrin. La douleur ne disparaît pas forcément, mais s'intègre dans notre quotidien. Nous l'avons acceptée, nous avons compris les conséquences sur notre vie, et nous apprenons à vivre avec.

J'aimerais donc déjà vous dire ceci quand on vit une grande épreuve de vie :

Nous avons le droit de crier, de tout casser, d'être en colère, d'en vouloir à la terre entière.

Nous avons le droit de vouloir rester seule et de se cloîtrer dans le noir pour se lamenter. S'effondrer, c'est ressentir des sentiments qui ne doivent pas être réprimés. C'est donner de l'espace à notre douleur, notre chagrin, notre souffrance et notre santé mentale en honorant nos besoins.

Mais nous avons aussi le droit de vouloir sortir, danser et chanter sur du Beyoncé pour oublier. Nous avons le droit de pleurer, puis de se mettre à rire la seconde d'après. Nous avons le droit de nous réfugier dans le travail et de faire comme si rien ne s'était passé. Nous avons le droit de ne vouloir plus rien dire, de garder tout pour soi. Ou au contraire d'en parler, d'extérioriser, de l'afficher si on en ressent le besoin ou de nous faire accompagner.

Nous sommes maîtres de nos choix. Nous avons le droit d'y repenser quelques jours, semaines, mois ou années après. Chacun son rythme, ne laissons jamais personne nous imposer le sien.

Le deuil n'a pas de chronologie

3 semaines après

6 mois après

La question est donc de savoir comment atteindre plus rapidement la dernière étape : l'acceptation. Eh bien, continuons notre voyage dans le temps par un stop en 2014.

Lorsque j'ai cofondé Les Éclaireuses, une chose m'animait particulièrement : mettre en lumière toutes les femmes. Cela passait par le partage de leur savoir, de leur histoire, de leurs plus beaux moments de vie, mais aussi de leurs plus grandes épreuves. Nous avions alors créé une interview appelée « Héroïnes », qui, comme son nom l'indique, est dédiée à toutes ces femmes qui sont passées par cette tempête d'émotions et qui s'en sont relevées, plus fortes que jamais. Des guerrières qui prouvent que l'impossible est possible !

Mais une chose m'a principalement frappée durant toutes ces rencontres : elles étaient aussi éclatantes que notre diamant, le Régent. Elles avaient cette force, une joie de vivre à toute épreuve, alors qu'elles avaient été confrontées au pire. Elles ont fait de leurs faiblesses leur force, de leurs traumatismes leur moteur, et ce qui les a un jour détruites les a rendues plus fortes que jamais, pour le restant de leur vie !

Comment ont-elles pu vivre avec ces blessures qui restent sans aucun doute sur nos corps, dans nos cœurs, qui emportent nos têtes et qui semblent indélébiles ? Je passais des heures à les écouter et un mot revenait sans arrêt : **Résilience**.

Ce genre de mot, loin d'être nouveau, que vous avez sûrement entendu des centaines de fois, sans pour autant en connaître véritablement le sens.

Je suis de nouveau allée faire un tour dans Le *Robert*, et voici ce qu'il nous dit. À l'origine, le terme « résilience » désigne un concept en sciences physiques. Il définit « la capacité d'un matériau à résister aux chocs ». Puis l'utilisation du mot a été élargie à plusieurs contextes comme la psychologie, l'informatique, l'écologie et tutti quanti, et voici ce que ça donne : « Capacité à surmonter les chocs », « Capacité à retrouver un état d'équilibre après un événement exceptionnel », « Capacité à continuer de fonctionner en cas de panne ». Bref, tout ça pour dire que la résilience, c'est finalement parvenir à se relever du pire, à renaître de ses cendres après un malheur, à redonner du sens à l'existence en dépit de l'adversité.

ÊTRE RÉSILIENT NE SIGNIFIE PAS ÊTRE IMPERMÉABLE À TOUTE BLESSURE !

Être résilient ne signifie pas être imperméable à toute blessure ! C'est avoir la capacité de voir la vie comme digne d'être vécue, et ainsi, se relever et cicatriser. La fameuse citation de Nietzsche, « Ce qui ne tue pas me rend plus fort », prenait tout son sens. Ces femmes avaient une résilience héroïque. C'est pour moi des humaines qui ont fait des choses surhumaines. Était-ce quelque chose d'inné en elles ? Ou est-ce une force qu'elles ont découverte dans l'adversité ? Comment ont-elles développé leur résilience ? Je leur ai posé la question...

ELSA WOLINSKI

« Je vais essayer de vous raconter ce qu'il s'est passé pour moi le fameux 13 novembre 2015, où mon père, Georges Wolinski, dessinateur, est mort dans l'attentat de *Charlie Hebdo*.
Ce jour-là, on apprend la nouvelle et je débarque chez ma mère. Aussitôt, elle m'interdit de pleurer. Direct ! Certainement pour ne pas craquer elle-même. Elle me demande d'avoir une attitude dure. Personne n'est là pour me prendre dans ses bras.
Je veux rester chez elle pour qu'on dorme ensemble, ce qui est normal, car elle vient de devenir veuve. Et elle me dit : « Non ! Tu dors dans la chambre de ton père ! » Ma mère, c'était une femme coriace. Elle était passionnante, intéressante, intelligente, d'une grande beauté, mais assez ferme, pas du tout chaleureuse.
Je me retrouve donc, le jour de la mort de mon père, dans sa chambre, à dormir dans son lit, dans son odeur, sans avoir le droit de pleurer. Le monde entier est en deuil, pleure mon père. Sauf moi, en gros !
Ensuite, dès que je faisais un pas dehors, les gens pleuraient dans mes bras et c'est moi qui les consolais, sans moyen pour moi de me décharger sur qui que ce soit.
Il y avait aussi mes deux enfants que je devais aider, elles qui avaient aussi perdu un grand-père qu'elles adoraient. Il fallait aussi assurer de ce côté-là.
Avec le recul, c'est ça qui m'a aidée. Il ne faut pas réprimer ses sentiments, bien au contraire, mais le fait de devoir assurer m'a obligée à continuer.
J'ai accepté la situation. En revanche, j'ai mangé pour me réconforter, beaucoup de sucres ! »

Ton conseil pour rebondir ?

« Avant le rebond, il y a la traversée. Moi, je ne pense pas qu'il faille se forcer à rebondir. Rebondir, c'est dur, c'est déjà comme une injonction. Les « Tu vas y arriver », je ne supporte pas. La vérité, c'est que tu ne vas peut-être pas y arriver, mais tu vas la traverser, cette épreuve.

Il faut surtout se dire que cette épreuve, elle « n'est pas nous ». C'est un moment de notre vie, mais elle ne nous définit pas. Moi, je ne suis pas l'attentat, je ne suis pas les quatre balles qui ont tué mon père, je ne suis pas non plus le cancer qui a tué ma mère, à cause de cet attentat. Sinon je ne me relève pas. Je reste à terre.

Je pense qu'il faut se remettre en mouvement et se remettre dans l'action. Très vite, je suis repartie travailler. Très vite, j'ai repris le métro, j'ai repris mon quotidien. Et finalement, ce quotidien-là a été important pour me remettre de ce choc.

C'est ma théorie des petits pas. Quand tu es dans ton lit et que ça ne va pas, vraiment pas, et que cette journée te paraît trop dure pour l'affronter, mets un pied à terre. Après tu mets l'autre. Si tu as réussi à te mettre un tout petit peu en mouvement, tu peux te mettre debout. Là, tu vois que tu n'es pas tombée. Là, tu commences à faire des petits pas, l'un après l'autre. Là, tu n'es déjà plus au lit. Finalement, ta perspective a changé. Et je crois beaucoup au fait de changer d'angle dans chaque situation, dans chacun des problèmes. Il faut le voir autrement. Mais pour voir autrement ton problème, tu dois tourner autour et surtout ne pas rester sans bouger. Être tout le temps en mouvement, c'est mon moyen à moi de me remettre de grosses difficultés.

Bizarrement, ça peut paraître paradoxal, mais c'est à ce moment-là que j'ai cru en la vie. Il m'a fallu cet attentat-là, la mort de mon papa, pour prendre vraiment conscience de ma force.

Quand il t'arrive quelque chose comme ça, tu as généralement deux réactions possibles : la haine ou l'amour. Moi, j'ai choisi l'amour. Il s'est passé un truc très fort en moi. »

ÉMILIE DAUDIN

« J'ai eu un cancer du sein triple négatif il y a deux ans. J'ai deux enfants, et après avoir eu mon second enfant, ma fille, de petites douleurs sont arrivées. Quand tu es enceinte, beaucoup de professionnels de santé ne pensent pas au cancer du sein. Moi, je ne savais pas du tout qu'on pouvait avoir un cancer du sein tout en étant enceinte ! Je n'arrêtais pas d'aller voir le cabinet de sages-femmes pour dire ce que je ressentais et pour parler de mes douleurs. Elles me disaient que je n'étais pas folle, qu'il y avait bien quelque chose, mais que c'était sans doute musculaire, car, à ce moment-là, ce n'était pas palpable. On m'a donc conseillé d'aller voir un ostéopathe et que la douleur que je ressentais se calmerait.

Je sentais que ça n'allait pas bien, mais j'entendais les mots que je voulais entendre. Au fond de moi, je savais depuis le début que c'était quelque chose de malin et j'ai tout de suite pensé au cancer du sein, mais comme les médecins n'étaient pas inquiets, je me disais : « OK, c'est pas ça. » Jusqu'à ce que l'on me dise d'aller consulter à nouveau.

Et puis, tout s'est enchaîné. La première échographie a révélé qu'il y avait un problème et que le risque de cancer était de 95 %. Là, j'étais préparée à l'annonce officielle, puis une semaine après, l'annonce, ça a été une déflagration. Au début, je ne faisais que pleurer, j'ai beaucoup pleuré. Je me suis dit : « Je n'y arriverai jamais ! Je ne vais pas me battre et je n'aurai pas la force de me battre. » Mais en réalité, tu n'as pas le choix, tu penses à tes enfants, à ton mari, à ta famille, à tes amis... Et là, c'est le cerveau qui décide. Après les larmes, il y a eu de la colère : « Pourquoi moi ? Pourquoi cette épreuve ? »
Puis j'ai ressenti le besoin de le partager avec ma communauté et de verbaliser mon épreuve, ma maladie. Je l'ai annoncé sur mes réseaux sociaux, et j'ai eu un ouragan de bienveillance, beaucoup de soutien, de messages. Ça m'a portée. Vraiment. Je sais que j'ai pu aider des milliers de femmes à prendre leur santé en main, c'est le plus beau cadeau que l'on puisse me faire, au moins mon cancer aura servi à ça !

Ton conseil pour rebondir ?

Mon conseil pour rebondir, c'est d'essayer de tirer du positif des épreuves difficiles. Pour moi, ça a été d'avoir donné de la visibilité à cette maladie qui touche une femme sur huit en France, et de démystifier la maladie à tout prix ! Il n'y a rien de honteux à avoir un cancer, ça peut toucher vraiment tout le monde. Et j'ai rebondi en étant encore plus forte que jamais, j'ai vécu le pire avec la chimiothérapie, la mastectomie... maintenant je savoure la vie chaque jour, même quand ce n'est pas facile. ”

8. Promenade dans la galerie d'art de la vie

Allez, mes boss ! Terminons cette partie par une petite promenade dans la galerie de la vie.
Vous avez certainement déjà arpenté les couloirs d'un musée, n'est-ce pas ? Alors, imaginez maintenant que chaque vie est une toile unique et que nous sommes les artistes en devenir, armées de pinceaux et prêtes à esquisser notre réalité. Vous me suivez ? Parfait !
Mais attendez, qu'est-ce que c'est ? Un bataillon de critiques d'art non sollicités se présente à nous, scrutant méticuleusement chaque coup de pinceau que nous appliquons sur notre toile. Eh bien, cela représente exactement les regards et les jugements des autres.

« Tu devrais vraiment choisir une carrière plus stable », « Tu ne penses tout de même pas sortir habillée comme ça, n'est-ce pas ? », « Reste calme, les filles doivent être gracieuses et délicates », « Fais ceci, ne fais pas ça... » La liste est longue ! Ce fameux « qu'en-dira-t-on » où chacun de nos gestes est épié, analysé et souvent commenté.
Tels sont les murmures qui s'immiscent dans notre créativité, dictant les couleurs que nous devrions choisir, les traits que nous devrions tracer... Quel est le résultat si nous cédons à ces critiques ?
Nous nous retrouvons alors emprisonnées dans un tableau teinté de tristesse, où le gris domine, sans la moindre profondeur, émotion, ou dimension... Ce qui aurait dû être le chef-d'œuvre de notre existence (nous !) se réduit à une pâle imitation en noir et blanc d'une œuvre qui ne nous appartient pas.
On l'a toutes entendue, cette petite voix qui nous dit : « Que vont-ils penser si je fais ça ? » Car, par peur du regard des autres, nous ne sommes jamais vraiment nous-mêmes. Nous agissons et nous nous comportons en fonction de ce que nous pensons devoir faire pour être acceptées. Par peur du regard des autres, nous renonçons à porter cette tenue qui nous fait tant envie, par crainte d'attirer les regards ou d'être jugées sur notre corps.
Par peur du regard des autres, nous nous retenons d'exprimer notre chagrin, car l'angoisse d'apparaître vulnérables nous réduit au silence.
Par peur du regard des autres, nous n'osons pas nous affirmer, dire non, de peur d'être mal perçues. (Ah mais non ! Nous avons résolu ce problème... Rappelez-vous, vous êtes désormais la badass qui fait non, non, non !)

Mais bon, vous voyez où je veux en venir ? Pratiquement tout ce que nous venons de voir dépend d'une chose : DE L'AUTRE !
Par peur du regard des autres, nous faisons des choix conformistes basés sur les modèles familiaux ou sociétaux, qu'on nous balance en pleine figure depuis qu'on est en couche-culotte, alors qu'en réalité nous aspirons à quelque chose de différent. Nous tentons de nous glisser dans des cases préétablies, alors qu'en fait nous n'appartenons ni à l'une ni à l'autre, ou peut-être en incarnons-nous plusieurs à la fois...

Ce à quoi ma famille veut que je ressemble | **Ce à quoi mon boss veut que je ressemble** | **Ce à quoi mon partenaire veut que je ressemble**

Ce à quoi tu ressembles vraiment et c'est OK !

Cela devient franchement déprimant, car c'est un véritable obstacle à notre liberté et à notre épanouissement professionnel et personnel.

Alors que, dans la galerie de la vie, la beauté naît de chaque personne, qui est en réalité une œuvre d'art en chair et en os. Vous voyez ces petites imperfections et excentricités qui nous rendent uniques ? Eh bien, elles sont les touches de paillettes de notre chef-d'œuvre personnel.

Assez joué les Monet. Vous l'avez compris : dans ce dernier chapitre, pour atteindre la confiance en soi ultime, il va falloir effacer cette fichue ombre au tableau : la peur du regard et du jugement des autres. Suivez le guide !

CONSEIL 01

Comprendre le regard que l'on porte sur soi-même

Enfin, « le guide », c'est un grand mot. Le regard et le jugement des autres m'ont aussi joué des tours dans les couloirs de ma galerie personnelle, tout comme vous. En plus, on a tendance à s'en préoccuper, même quand ce sont des choses insignifiantes... Du genre, ne pas oser manger seule à la terrasse d'un restaurant, commander une salade plutôt qu'un burger devant son *date*, faire une playlist électro pour son anniversaire alors qu'on rêve de s'offrir un bon petit Larusso ou *Les Démons de minuit* (qui ça ?).

Mais heureusement pour moi, avec le temps, j'ai réalisé que ces regards extérieurs perdaient de leur importance et de leur influence. Pourquoi ? C'est une question que j'ai explorée...

Et voici ce que j'ai découvert : au fur et à mesure des années, je prenais conscience de qui j'étais réellement, je m'écoutais et je développais mes capacités. Tout cela contribuait donc grandement à augmenter ma confiance en moi et mon estime personnelle.

En faisant des choses avec lesquelles j'étais alignée, je ne me souciais (presque) plus de savoir si ce que je faisais avait de la valeur pour l'autre, du moment que cela en avait pour moi. J'avais acquis un trésor bien plus riche et précieux que l'approbation des autres : j'avais gagné ma propre approbation !

« CETTE ANNÉE, J'ARRÊTE DE ME DEMANDER SI JE SUIS À LA HAUTEUR DES AUTRES. MAIS JE ME DEMANDE SI LES AUTRES SONT À LA HAUTEUR. »

Alors le premier conseil, qui ressemble à un ajustement d'éclairage dans notre galerie, c'est de véritablement se connaître et comprendre (et rectifier !) le regard que l'on porte sur soi-même.

Ce que j'adore dans ce chapitre, c'est qu'il rassemble tous les éléments que nous avons explorés dans cette partie sur la confiance en soi. Chaque concept, chaque notion que nous avons mentionnée précédemment convergent ici pour nous armer dans cette ultime étape : se libérer des chaînes du regard et du jugement des autres.

Souvent, lorsque nous craignons le regard des autres, nous oublions qu'il existe un spectateur majeur du tableau de notre propre vie, et qui joue souvent les critiques : nous-mêmes. Nous avons tendance à être sévères et à nous juger sans pitié, imaginant ensuite que les autres verront également chaque imperfection et irrégularité de notre tableau. Nous cherchons alors avidement leur validation, espérant que leurs appréciations ajouteront de la couleur à notre toile.

AVEC UNE CONFIANCE EN SOI SOLIDE, LE REGARD DES AUTRES PERD DE SON POIDS.

Alors que, avec une confiance en soi solide, le regard des autres perd de son poids. Elle nous permet de ressentir une sécurité intérieure, une assurance que notre tableau a de la valeur indépendamment des opinions des visiteurs de la galerie. Cette assurance nous donne la liberté d'accepter notre vulnérabilité, d'embrasser les petites imperfections qui rendent notre œuvre unique.

Alors, tout ce qu'on a vu précédemment – se kiffer en toute objectivité, supprimer nos croyances limitantes, les power postures, les affirmations positives, etc. – contribue à augmenter notre confiance en nous et donc réduire le poids du regard et du jugement des autres.

Alors, un seul mot d'ordre : regonfler toutes les composantes de la confiance en soi : estime de soi, conscience de soi, l'affirmation de soi pour s'accorder la liberté d'être soi-même.

CONSEIL 02

Peser le poids de la réticence à agir contre l'impact réel des jugements que l'on pourrait recevoir

En travaillant sur le sujet, je suis tombée sur un exercice qui m'a permis encore plus de me détacher de ce qu'en-dira-t-on et que j'aimerais partager avec vous. Il consiste à faire quelque chose de très simple : réfléchir à ce que ça nous coûte de ne pas oser *vs* les conséquences réelles d'être jugée.

Prenons un moment pour contempler une série de tableaux, chacun représentant un chemin que vous auriez pu emprunter, mais que vous n'avez pas osé prendre. Quel est le véritable prix à payer de ne pas prendre le risque de changer de carrière ? De rester scellée dans un CDI alors que votre âme vibre pour la vie d'artiste ? Quel est le véritable prix à payer de rester dans une relation amoureuse qui ne vous enrichit plus, juste par crainte de ce que les gens diraient sur le célibat après 40 ans ? Quel est le véritable prix de vous priver des joies de la baignade simplement parce que vous redoutez ce que les gens pourraient penser de votre corps ? C'est comme un tableau de vous-même assise sur le sable, regardant les vagues, mais retenue par des chaînes invisibles...

En faisant cet exercice, on réalise l'immense dépense d'énergie que représente le fait d'essayer de contenter les autres, et toutes les occasions perdues qui étouffent notre quotidien.

Vous ne me croyez pas ? Laissez-moi vous le prouver avec ce dernier exemple.

Le coût réel de ne pas me baigner à cause de ma peur d'être jugée :

1. Manquer le plaisir et la détente que procure la baignade.
2. Rater des moments sympas avec mes amis ou ma famille.
3. Ne pas bénéficier des avantages physiques de la nage (exercice, relaxation, etc.).
4. Avoir chaud.
5. Accumuler de la frustration...

VS

Les conséquences réelles :

1. Quelqu'un pourrait me dévisager ou me faire une remarque désagréable : ce qui va me blesser sur le moment, mais cela ne change rien à ma valeur.
2. Me sentir mal un court instant (le trajet aller-retour de mon transat à la mer).
3. Finalement, réaliser que la plupart des gens sont trop occupés avec eux-mêmes pour me juger.
4. Renforcer ma résilience face aux opinions négatives.

La conclusion est flagrante, non ? Alors à vous !

EXERCICE

Ce que je n'ose pas faire à cause du regard des autres	Ce que ça me coûte de ne pas oser	Les conséquences réelles d'être jugée

En prenant conscience de vos sacrifices – car il s'agit ici de votre propre chef-d'œuvre qu'est votre vie –, vous pourrez mieux vous détacher du regard des autres. Vous réaliserez qu'une vie authentique a des conséquences bien moindres qu'une vie passée dans l'ombre de l'approbation des autres.

CONSEIL 03

Accepter le regard des autres et cultiver sa différence !

Bon, après tout ça, qu'on se le dise sans bullshit : quoi que l'on fasse, les critiques seront toujours là ! Vous pourriez peindre la *Joconde 2.0* que certaines personnes trouveraient encore quelque chose à redire… Alors, acceptons ce mal typiquement humain et choisissons de faire ce qui nous fait réellement vibrer !

Vous voyez, dans notre fameuse galerie d'art, ceux qui critiquent abondent, à chaque coin. Ceux qui proposent des idées constructives pour améliorer votre tableau, eh bien, ils sont déjà beaucoup plus rares… Et alors, ceux qui passent vraiment à l'action et créent réellement, ils sont les véritables trésors de cette galerie. Ils sont les tableaux inestimables accrochés au centre, sous les projecteurs.

En étant une de ces précieuses personnes qui agissent, vous devenez non seulement une inspiration pour vous-même, mais aussi pour ceux qui vous entourent. Vous montrez qu'il est possible de vivre selon ses propres termes, de créer sa propre œuvre d'art, sans se laisser étouffer par les voix des autres.

C'est d'ailleurs le conseil que nous donne la boss des conseillères en image : Cristina Cordula. À travers son histoire et son parcours, vous verrez à quel point la singularité et la différence sont sans aucun doute la clé de la réussite personnelle, et peut-être même professionnelle…

Ceux qui critiquent

Ceux qui proposent

Celle qui agit

CRISTINA CORDULA

« Depuis toute petite, j'ai toujours su que je voulais être mannequin. Alors j'ai mis tout en œuvre pour réaliser mon rêve. J'ai quand même continué mes études en communication et journalisme, car c'était important pour mes parents mais, en même temps, dès l'âge de 16 ans, j'ai commencé à travailler comme mannequin.

Quand j'ai fini ma fac, une agence est venue me chercher pour que je vienne en Europe. J'ai quitté le Brésil pour réaliser mon rêve, j'ai commencé en Espagne, voyagé dans plusieurs pays en Europe et au Japon, puis j'ai atterri à Milan pour la semaine de la Fashion Week. Ça a été très difficile, car l'agence ne me traitait pas bien, elle ne m'envoyait dans aucun casting et j'étais seule à 21 ans, loin de ma famille, dans une ville que je ne connaissais pas. Il faut se remettre dans le contexte. À cette époque, le Brésil était très loin de l'Europe. Les billets étaient très chers, il n'y avait pas d'Internet, pas de téléphone portable. Pour appeler mes parents, il fallait que j'aille dans une cabine téléphonique, ma chérie ! Pas de FaceTime comme aujourd'hui. Je ne les voyais pas, je leur écrivais simplement des lettres... J'étais complètement livrée à moi-même. Je n'avais pas la reconnaissance que je voulais et j'étais très découragée. Quand je croise mon ami Marco, un coiffeur brésilien, je lui raconte que le mannequinat, ce n'est pas pour moi, que je n'arrive pas à décrocher des castings. Et là, il me répond : « Mais, ma chérie ! Tu sais pourquoi on ne t'envoie pas dans des rendez-vous ? À cause de tes cheveux, ma chérie ! C'est une catastrophe ! » J'avais les cheveux longs, brillants, volumineux, comme toutes les Brésiliennes. Je lui dis : « Coupons mes cheveux ! » J'étais mannequin cabine pour une maison italienne très connue à l'époque. Le lendemain, quand je suis arrivée les cheveux courts, le directeur artistique m'a vue avec la nouvelle coupe et m'a proposé de participer au défilé. À l'époque, il n'y avait pas beaucoup de filles aux cheveux courts et presque pas de Brésiliennes. C'est comme ça que je me suis fait remarquer. Être brésilienne, brunette et avoir les cheveux courts, c'était ma différence.
Aujourd'hui, je suis encore très émue quand je raconte cette histoire. Vous savez, quand on a un rêve de petite fille, qu'on a toujours voulu ça et qu'on y pense toute sa vie. Qu'on part toute seule, à 21 ans, sans argent – j'ai vendu ma voiture pour pouvoir voyager –, et qu'on galère, qu'on galère, mais qu'on croit quand même à son rêve et à soi-même, et que quelques personnes croient en vous aussi, on peut tout accomplir !
Le lendemain, j'ai pris un billet de train, j'ai quitté cette agence et je suis partie seule à Paris. J'ai tapé à la porte d'une autre agence qui m'a tout de suite

prise. On m'a fait passer plein de castings : « Maintenant, c'est à toi de jouer, Cristina, donne tout ! » Et j'ai décroché vingt et un défilés ! C'est là que ma carrière a décollé.

Alors le premier conseil que j'aimerais donner, c'est d'avoir confiance en soi et de croire en ses capacités. Et de ne jamais vouloir être comme quelqu'un d'autre. Il est essentiel d'être soi-même ! Parce que si on veut être comme quelqu'un d'autre et vouloir copier, on perd son identité. Notre différence, c'est notre pouvoir ! Il faut donc cultiver sa personnalité et ne pas se laisser influencer, ma chérie ! Accepter sa différence peut être difficile pour certaines, surtout quand on est jeune, car on n'a pas encore assez de vécu. De s'assumer et d'accepter le regard des autres.

Après de nombreuses années dans le mannequinat, j'ai connu le père de mon fils et au bout de trois ans, je suis tombée enceinte, et c'est là que je me suis dit que je voulais tourner la page. Je me suis consacrée entièrement à mon fils toute une année, c'était nouveau pour moi, c'était formidable. Ça m'a donné une force incroyable, je me suis découvert en tant que femme aussi à travers la maternité. Mais comme je suis une personne qui a toujours travaillé, et que je viens d'une famille de grands travailleurs aussi, je voulais continuer à le faire. Sinon, je savais que j'allais être malheureuse.

Je me suis alors lancée dans le conseil en image. En 2004, il y a eu l'émission « Nouveau look pour une nouvelle vie ». On me contacte directement sur mon site Internet, et les équipes viennent avec une caméra pour faire des tests. Puis on ne me rappelle pas ! Un beau jour, quelques mois plus tard, on m'appelle finalement : « voilà, l'émission sera la semaine prochaine... » Je leur réponds : « De quoi vous parlez ? » J'ai été repêchée. Par un heureux hasard, il y avait une nouvelle directrice de casting qui était tombée sur ma vidéo et elle avait trouvé que mon accent était ce qui me donnait une identité, une personnalité.

Alors j'ai fait la première émission et je me suis donnée à 100%. Heureusement que j'ai mon accent ! Au début, on n'en voulait pas, mais c'est ce qui a fait ma différence ! Ma différence, c'était mon côté brésilien : mon accent, ma gaieté, mon dynamisme, mes petites erreurs de syntaxe, de conjugaison, d'expression. Il y a toujours des expressions que je ne sais pas utiliser : « Elle est à côté de la pompe » ou « Elle est à côté de ses plaques ». Bref, on m'a laissée être moi-même et c'était ça le plus important ! Voilà ce que j'ai à vous dire : il faut être soi-même et chercher à s'améliorer continuellement ! ”

02

Ambition

Lettre à mon ambition

À toi, ma meilleure copine, l'ambition.

Ne te cache pas. Ne te sous-estime pas. Ne t'excuse pas d'exister.
Féminine, pourtant, pendant longtemps on a peu ou pas voulu te conjuguer au féminin. Celles qui s'y sont risquées, qui t'ont côtoyée, ont souvent été critiquées, jugées et prises pour ce qu'elles ne sont pas : des requins aux dents longues prêtes à tout pour réussir, quitte à balayer d'un revers de main toutes les personnes qui se mettent sur leur chemin.
Faux. Tu n'es pas ce genre de copine là. Moi, je te connais, et je sais que tu n'es pas ce que l'on dit de toi. Tu n'es pas individualiste. Tu n'es pas matérialiste. Tu n'es pas anti-maternité. Au contraire, tu es l'une des plus belles qualités que l'on peut avoir. Ma plus belle qualité. Tu es surpuissante. Tu es forte. Tu es un feu ardent. Tu es celle que l'on aime toutes avoir à ses côtés. Tu nous permets de tout accomplir.
Avec toi, on peut rêver. Rêver fort. Rêver grand. Sans limites. Sans mesure ni demi-mesure.
Avec toi, on est redoutable, presque invincible. On ne renonce jamais devant l'adversité. On sait qu'on peut tout affronter.
Avec toi, nos changements de vie deviennent plus faciles. Avec toi disparaît la peur pour devenir moteur.
Tu es loin d'être cantonnée uniquement au milieu professionnel. Ton pouvoir donne des ailes dans toutes les sphères. Même au niveau personnel. À nous de t'amener là où on le souhaite.
Avec toi, on est fière de tout ce que l'on accomplit, construit, et de tout ce qui nous reste encore à bâtir.
Ma précieuse amie, ma meilleure copine, autorise-toi à être ambitieuse. Autorise-toi à être toi ! Je vais à mon tour te rendre tout ce que tu m'apportes.
Chaque jour, je vais te booster, te stimuler, te perfectionner.
Ensemble, on va aller loin, alors suis-moi !
Et crions ensemble haut et fort :

Je suis ambitieuse, fière de l'être !

Dico boss

''AMBITION''

Laury Thilleman

« On nous a longtemps fait croire qu'il fallait s'excuser d'avoir de l'ambition, alors que c'est simplement vivre ses rêves au lieu de rêver sa vie. En faisant ça, on fait du mot "ambition" quelque chose qui est tout sauf négatif ! »

Lalaa Misaki

« L'ambition, c'est avoir zéro limite ! Avoir ses propres objectifs (que les autres comprennent ou non, on s'en fout !) et mettre tout en œuvre pour les réaliser. On assimile parfois l'ambition au fait d'écraser les autres ou d'aller à l'encontre de ses principes. Pas du tout ! On peut atteindre ses objectifs sans pour autant faire de l'ombre ou du mal à quelqu'un. »

Louise Aubery

« Ne pas se limiter aux champs des possibles, rêver à ce qui est encore plus haut. »

Hapsatou Sy

« Être ambitieuse, ce n'est pas forcément monter une boîte, comme on aurait tendance à le croire. Être ambitieuse, c'est décider de faire grandir, évoluer sa vie. C'est prendre une décision qui va impacter de manière positive, puissante, radicale sa vie ! »

Carole Juge-Llewellyn

« Pour moi, l'ambition est l'expression de la confiance que tu vas avoir en tes compétences. Moi, je n'ai pas toujours confiance en moi, mais j'ai toujours confiance en mes capacités ! »

Kelly Massol

« Quand tu es une femme, il y a systématiquement une connotation négative autour du mot "ambitieuse", alors que l'ambition revient simplement à faire un plan et à poser toutes les étapes pour y arriver. On peut se dire que je suis ambitieuse, car je suis une femme qui ne se met aucune limite. Je suis concentrée sur ce que je fais et j'avance ! »

Elsa Wolinski

« Pendant des années, ce mot m'a fait très peur. Je le trouvais très égoïste et égocentrique. En fin de compte, avoir de l'ambition, c'est avoir l'envie de faire et de bien faire. D'avancer et de mettre tout en œuvre pour y arriver. Et nous ne sommes pas obligées d'être ambitieuses uniquement dans la sphère professionnelle, on peut l'être dans sa vie personnelle : être ambitieuse pour ses enfants, être ambitieuse pour ses proches, être ambitieuse dans le bonheur, finalement... »

1. Jeune demoiselle recherche un job mortel

Pendant que Diam's cherchait un mec mortel, moi, j'étais plutôt à la recherche du job mortel. Un job capable de me « donner des ailes et de me faire toucher le ciel ». Sauf qu'il n'est pas si facile que ça à trouver, celui-là !

Carrière épanouissante rime bien souvent avec profession captivante. Mais pas grand-chose ne me faisait rêver dans les fiches de la conseillère d'orientation du lycée. Comme si, à 16 ans, nous étions déjà censées savoir ce que nous souhaitions faire dans la vie. De mon côté, c'était le flou complet.

Et puis, soyons honnêtes, il n'y avait pas que ça. Il y a aussi le poids d'un bon gros nombre de diktats.

Nous vivons dans une société où le métier nous confère un certain statut social et une certaine image. Pas toujours évident d'échapper à cette dure loi quand la première question posée, lors d'une rencontre, est : « Et dans la vie, tu fais quoi ? » Un simple mot, et nous voilà souvent triées, catégorisées, rangées dans une case ! Une bien triste réalité, que je souhaite démystifier !

Alors, petit rappel de première nécessité avant de commencer cette partie :

Ne laissez personne vous dicter le métier que vous devriez faire.

Ne laissez personne vous faire penser que votre métier vous définit.

Ne laissez personne vous faire croire qu'il existe des « sous-métiers ».

LOUISE AUBERY

Parole de boss

« Une de mes citations préférées est : « Nourris ton âme, pas ton ego ! » Nous sommes dans une société dans laquelle il est nécessaire de se le rappeler. Souvent, on va poursuivre le rêve qui rend bien sur le papier, sans forcément se demander si c'est ce que l'on aime faire chaque jour. Il faut chercher un job qui nous nourrit de l'intérieur et pas seulement quelque chose qui sonne bien à l'oral ! »

Dans son discours absolument renversant à l'université de Standford en 2005, le boss suprême de tous les temps, j'ai nommé Steve Jobs, parle de son ambition et notamment de ce qui la stimule au quotidien : « [...] La seule chose qui m'a permis de continuer à vivre, c'est d'aimer ce que j'ai fait. Vous devez trouver ce que vous aimez. [...] Votre travail va occuper une grande partie de votre vie, et la seule façon d'être vraiment satisfait est de faire ce que vous croyez être un grand travail. Et la seule façon de faire du bon travail, c'est d'aimer ce que vous faites. Si vous ne l'avez pas encore trouvé, continuez à chercher. »

Le ton est clairement donné. La passion est le principal carburant de l'ambition.

C'est elle qui pousse à franchir tous les obstacles, à ne pas se contenter du minimum, à viser haut et à donner le meilleur de soi-même.

Essayer de trouver ce qui nous plaît, ce qui nous anime, va donc nous permettre de changer notre perception du travail. Ne plus le voir comme une contrainte, mais plutôt comme un plaisir. Une véritable source de satisfaction et de réalisation personnelle ! Il faut donc essayer de trouver notre raison d'être, notre but, notre mission. Et aller au-delà de cette binarité déprimante qui consiste à « gagner du biff » la première partie de notre vie et à l'utiliser pendant la seconde, celle supposément dévolue aux besoins et au plaisir.

Vous allez me dire : « Certainement ! Mais c'est plus facile à dire qu'à faire ! » Évidemment. J'ai conscience

EN OSANT FAIRE CE QUE TU AIMES, LE SEUL RISQUE QUE TU PRENDS, C'EST D'ÊTRE FIÈRE DE TOI.

que la notion de « travail passion » est complexe, loin d'être universellement accessible ni facile à atteindre. Il y a, bien entendu, une réalité socio-économique. Dans beaucoup de situations, le besoin de percevoir un salaire, de subvenir à ses besoins, à ceux de sa famille, ou encore de répondre aux attentes sociales peut prendre le pas sur la poursuite d'un métier passion. Et il faut déjà avoir conscience de ses passions… Leur identification nécessite forcément une introspection approfondie et une certaine dose d'expérimentation. Ça tombe bien, c'est dans ce chapitre que ça se passe !

De mon côté, j'adore mon métier, ce que je fais, et c'est ce qui me motive à me lever chaque matin. Maître Steve Job et moi, jusque-là, nous sommes plutôt en phase. Pourtant, si vous me demandez : « Quelle est ta passion ? », je ne saurai absolument pas quoi répondre… C'est précisément là que je suis arrivée à une conclusion : **on a une très mauvaise définition contemporaine de ce qu'est la passion**.

Quand on se tourne vers le *Petit Robert*, on lit que la passion est un nom « SURTOUT PLURIEL » et que c'est « un état affectif et intellectuel assez puissant pour dominer la vie mentale ». Bon, OK, ça paraît un peu abstrait dit comme ça. Pour simplifier, on comprend ici que **la passion est un état d'être moteur**, qui nous donne nos pleines capacités.

LA SEULE FAÇON DE FAIRE DU BON TRAVAIL EST D'AIMER CE QUE VOUS FAITES.

Pour certaines d'entre nous, c'est presque inné. Vous savez, celles qui, dès leur plus jeune âge, sont ultra-passionnées par un sport, ne quittent pas d'une semelle leur instrument de musique, adorent dessiner comme Monet ou consacrent tout leur temps à la danse. Bref, vous voyez de qui je veux parler : celles pour qui la passion est vite trouvée. Mais il y a aussi les autres. Le groupe des « sans-passions ». Ou, plutôt, celles qui ont l'impression de ne pas avoir de passion(s). Fan de rien en particulier, transcendées par aucune discipline, pas d'amour dédié à la pratique d'une activité sportive, bref le néant…

Alors certes, plus jeune, j'avais quelques idées différenciantes et innovantes, mais, a priori, pas de quoi faire une carrière fulgurante. Et pourtant, le *Petit Robert* a bien qualifié la passion de mot « surtout pluriel ». Deux mots qui m'ont fait l'effet d'une révélation et ont envoyé valser une idée galvaudée selon laquelle on n'aime qu'une seule et unique chose dans la vie et qu'on la pratique sans relâche.

La passion est en réalité toutes ces choses pour lesquelles nous avons un intérêt important (toutes ces petites choses que l'on aime creuser, qui attisent notre curiosité...) et qui nous procurent un sentiment de bonheur et de satisfaction.

Alors, comment trouver SES passions ?
C'est par ici que ça se passe !

Parole de boss

CLÉMENCE COGHLAN

« Faire en sorte que notre passé ne dicte pas notre futur. Il n'est jamais trop tard pour se réinventer. Ce qui nous plaisait à 20 ans peut ne plus nous correspondre à 30, à 40 ans ou à 50 ans, et ce n'est pas grave. C'est sain de changer, de s'écouter, d'évoluer. Et je crois que le monde sera meilleur avec chaque personne à sa juste place. J'invite à regarder l'avenir avec optimisme, à réussir à s'affranchir des injonctions sociétales ou de ses propres croyances limitantes. À cause d'elles, nous nous censurons et n'osons pas sortir d'une situation, alors même que celle-ci ne nous convient plus. Et c'est ainsi qu'on se retrouve dans des jobs qui ne nous ressemblent pas ou plus. Il faut apprendre à se connaître, à se redécouvrir. Avec nos vies à mille à l'heure, essayons de nous reconnecter à ce qui compte pour nous : à nos valeurs, à nos aspirations profondes, à ce qui nous fait vibrer. Vous savez, les choses que l'on fait, sans voir le temps passer. Prendre du temps pour prendre du recul sur ce qui nous anime, c'est fondamental. Pour nous, et pour le monde. »

ÉTAPE 01
L'introspection

Tout d'abord, il faut passer par la phase introspection pour dénicher toutes ces choses qui font vibrer votre petit cœur ! Pour appliquer les conseils de Clémence, je vous propose de découvrir et d'utiliser un super outil : **l'Ikigai !**

POWER CHALLENGE IKIGAI

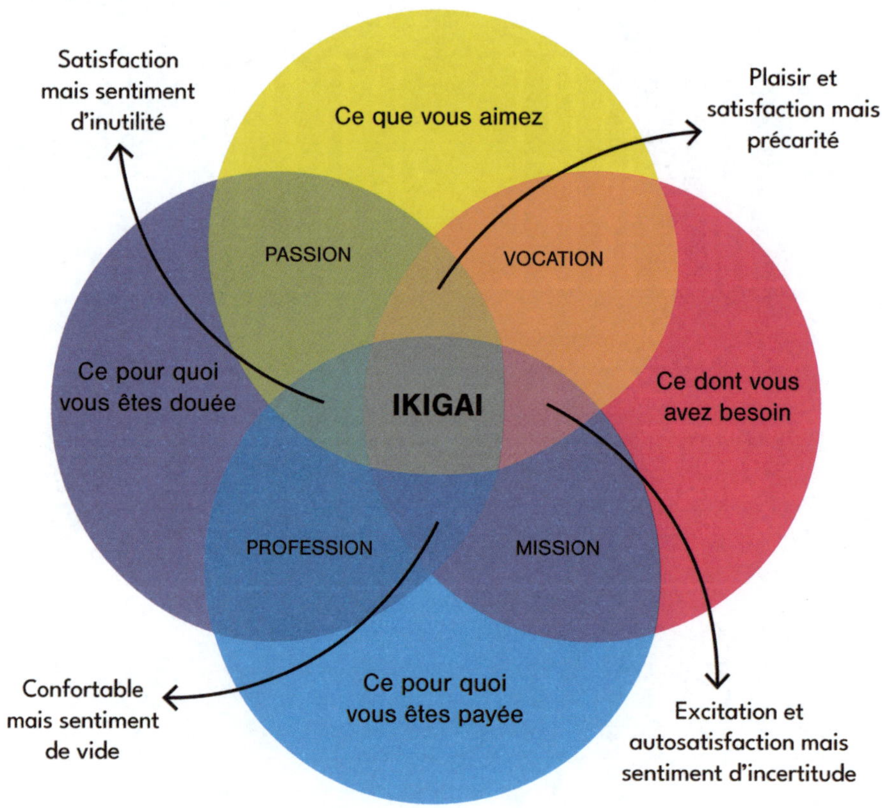

Iki-quoi ? Qu'est-ce encore que ce truc ?

Oui, ces beaux cercles chromatiques sont la clé vers votre destinée !
Ikigai, en japonais, c'est la réunion de *iki* (« vie » ou « être en vie ») et *gai* (« ce qui vaut la peine et a de la valeur »). On pourrait le traduire par « ce pour quoi la vie mérite d'être vécue ».

Maintenant, pour savoir les utiliser, voici le mode d'emploi :

1. Listez toutes les activités que vous aimez véritablement faire. Celles qui vous procurent plaisir et enthousiasme. Vous pouvez dire tout ce qui vous passe par la tête. Cuisiner, décorer votre intérieur, chanter à tue-tête et même passer du temps avec mamie... **Bref, sky is the limit !**

....

....

....

....

....

....

2. Une fois cette première liste faite, rayez toutes les activités dans lesquelles vous êtes nulle. Eh oui, on peut adorer cuisiner et rater tous ses cakes ou passer sa vie à chanter faux. Un peu d'objectivité est donc de rigueur !

POWER CHALLENGE IKIGAI

3. Vous avez sous vos yeux la liste des choses que vous aimez et dans lesquelles vous êtes douée. Mettez-la de côté. Listez maintenant ce dont le monde a besoin d'après vous. Ça peut être d'amour, de solidarité, d'ouverture d'esprit, etc. On ne vous demande pas forcément de devenir la prochaine Simone Veil ou Greta Thunberg, mais comment, à votre échelle, vous pourriez apporter des « petits plus » pour changer le monde.

Pourquoi ce troisième point ? Car d'après la méthode Ikigai, trouver sa raison de vivre implique forcément d'être en accord avec son environnement et le monde qui nous entoure.

....

....

....

....

....

....

....

....

4. Reprenez votre première liste et reliez-la à la seconde. Vous avez sous vos yeux les activités qui vous plaisent, pour lesquelles vous êtes douée et qui, en plus, peuvent servir l'humanité. Ne reste plus qu'à sélectionner celles qui pourraient devenir votre profession. Les activités pour lesquelles vous pourriez vous faire payer.

LOUISE AUBERY

« Je recommande vraiment d'identifier ce que l'on aime et de travailler sur les choses pour lesquelles on est plutôt douée. En France, on a tendance à pousser les élèves à travailler sur leurs faiblesses plutôt que sur leurs points forts. Moi, je pense qu'il faut faire ce pour quoi on est vraiment compétente.
Par exemple, je suis plutôt littéraire et je n'étais pas très bonne en maths, donc j'ai dû prendre des cours particuliers pour progresser dans cette matière. Cela ne m'a pas desservie, évidemment, mais quand on réfléchit bien, ce serait tellement plus intelligent de prendre des cours dans les domaines où on est fort et que l'on aime, afin de se perfectionner et d'encourager « l'avantage absolu » décrit par Adam Smith, c'est-à-dire utiliser ses connaissances et ressources de la manière la plus productive possible.
Aux États-Unis, on va très vite te dire : « Si tu es bon en théâtre, c'est parti, vas-y à fond ! » Il faut cultiver ce que j'appelle sa « zone de génie » et trouver le job qui permettra de la mettre en valeur. »

Exemple complet de mon propre cas avec le lancement du média C'est qui la boss :

J'adore l'entrepreneuriat, j'ai le goût du risque, je suis animée par le fait de passer de l'idée à l'action et je suis attirée par le fait de rencontrer des femmes inspirantes et passionnantes **(j'aime)**.

J'ai du nez pour reconnaître ce qui va marcher. Je maîtrise à la perfection les réseaux sociaux, l'art du marketing et de la communication. Je sais écrire et faire des interviews **(je suis douée)**.

Il n'y a pas assez de femmes dans le monde de l'entrepreneuriat et aucun média qui pousse les femmes à avoir confiance en elles et en leurs ambitions **(besoin)**.

Résultat : je peux créer un média inspirant qui mette en valeur les femmes et qui les pousse à entreprendre.

Ou encore, je peux devenir Mentor/Business Angel pour soutenir les projets créés par des femmes et les aider à propulser leur start-up. Finalement, j'ai choisi de faire les deux !

ÉTAPE 02
La pratique

Si, après tout ça, vous pensez ne pas avoir de passions, voici comment les créer. Oui, vous avez bien lu ! **La passion, c'est comme un muscle, ça se développe**. Pas la peine de sortir les haltères, mais il faudra quand même se bouger. Pour aller à la rencontre de la passion, il faut être dans l'action.

Sortir de sa zone de confort

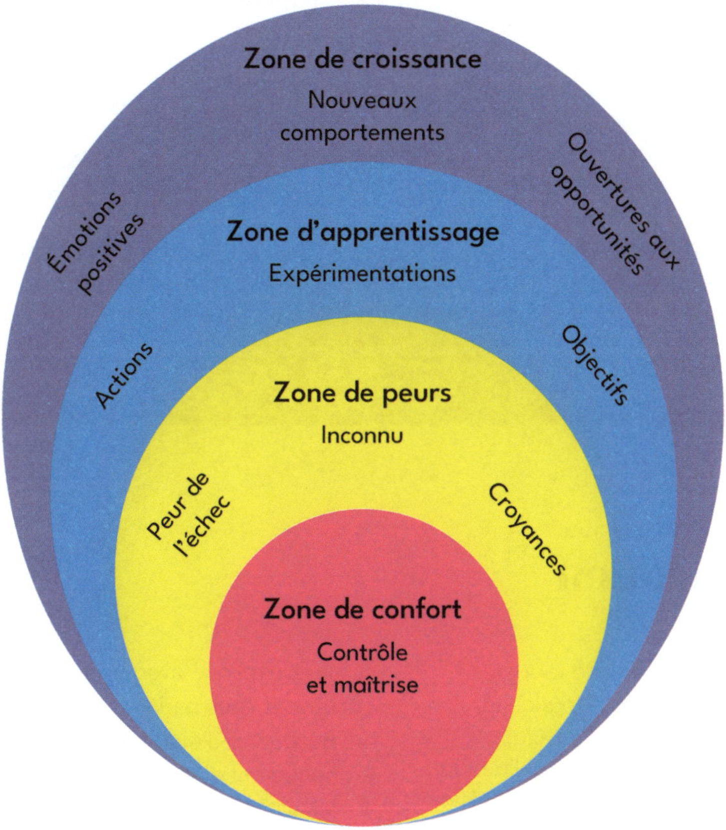

Vous l'aurez compris, l'état d'esprit indispensable à avoir : être curieuse et sortir de sa zone de confort.

La curiosité est le seul moyen, et l'occasion, de découvrir qu'une activité que vous ne connaissiez pas (ou sans plus) vous plaît énormément (ou pas !). Tant que ça vous inspire, tout est bon à prendre. Il faut tester, tenter et goûter à tous les plaisirs pour savoir lesquels sont vos préférés. C'est en mangeant que l'appétit vient, c'est en faisant que la passion naît.

Parole de boss

SARAH YAKAN

« Je pense que nous avons tous et toutes des passions. Ce sont des choses que l'on apprécie, tout simplement. Parfois, elles sont endormies et il faut les réveiller.
Pour ma part, j'ai découvert des choses chez moi dont je ne me doutais pas du tout. Je savais que j'étais passionnée d'écriture et de lecture. C'est tout ! Je ne savais pas que j'allais être douée en design, par exemple. Je l'ai identifié au fur et à mesure, par la pratique. Le travail – l'entrepreneuriat dans mon cas – m'a permis d'apprendre des choses sur moi-même. Ça a été une sorte de renaissance, finalement. »

ÉTAPE 03
La validation

Dès qu'une activité fera plus que piquer votre curiosité, place à l'apprentissage, à la compréhension et à la validation. Il faut alors découvrir, tester le métier (et le vrai !).
Alors testez, essayez, pratiquez le métier qui vous fait rêver !
Et si vous découvrez que ça ne vous fait pas ou plus vibrer, aucun problème, vous avez le droit d'arrêter et de changer de voie. Si ça ne marche pas à ce moment-là, inutile de forcer, et ça ne signifie pas que vous baissez les bras.

Je m'explique avec un exemple qui devrait vous parler à toutes : les stages. Beaucoup d'étudiantes me font part d'un sentiment d'échec lorsque leur stage ne les satisfait pas. C'est pourtant un super signal à analyser ! Un stage permet d'aiguiser sa curiosité, d'apprendre des choses et de découvrir de nouveaux horizons. Si vous n'aimez pas ce que vous faites, très bien ! C'est une chance pour affiner et affirmer vos désirs, vos envies et vos goûts.

Trouver sa passion, c'est un peu comme trouver l'amour et, pour voir si on est vraiment faits l'un pour l'autre, rien ne vaut d'essayer. Il est donc normal - et même fortement recommandé - de s'investir à fond et de donner le meilleur de soi-même. Peut-être que cela ne durera qu'un temps, ou peut-être que cela débouchera sur le véritable amour, avec un grand A.

À noter que tout ce processus peut se faire et se refaire à l'infini. La passion, c'est comme les Pokémon, ça évolue. On imagine bien souvent la passion comme un truc nous tenant en haleine des années durant. Absolument pas ! La passion grandit, rapetisse, se mue, se module, s'associe, se transforme... Bref, c'est un vrai caméléon !

Au fur et à mesure de vos expériences, vous pouvez vous découvrir de nouvelles passions. Certaines d'entre elles resteront des loisirs, parfois éphémères, tandis que d'autres resteront pour la vie et vous mèneront peut-être vers une (nouvelle) carrière professionnelle.

Pour ma part, en huit ans d'entrepreneuriat, je suis passée par absolument tous les métiers de ma boîte. Passionnée par l'écriture, j'ai d'abord commencé comme rédactrice, puis, étant attirée par les réseaux sociaux, je me suis très vite attelée à construire notre communauté en devenant *social media manager*. Bien décidée à en faire une entreprise rentable, je suis devenue commerciale et cheffe de projet pour penser et créer de belles campagnes publicitaires avec des annonceurs de renom. Aujourd'hui, je gère toute la communication et le marketing.

Une seule chose à garder en tête : toutes les routes mènent à votre job mortel ! Chaque test, chaque expérience, chaque activité que vous aurez exercée, menée ou accomplie entre-temps sont autant d'étapes indispensables sur le chemin.

Ne cherchons pas à prendre de raccourci : les détours sont les meilleures façons de se construire. **N'oublions pas que le voyage est plus important que la destination finale, pour toutes celles qui s'en donnent la peine.**

Personne n'arrive au sommet instantanément.

AXELLE AIMÉ ET DOROTHÉE RUBINSKI

« C'est important de connaître le métier qu'on aimerait exercer et le monde de l'entreprise, car il est souvent très éloigné de ce qui est enseigné à l'école. En testant, ça devient concret. Souvent, on a des fantasmes, on s'imagine et on idéalise un métier. Il est donc important de voir réellement quelles sont les tâches, les missions, les compétences exigées, la charge de travail de ce métier, parce que, parfois, quand on découvre le quotidien, on se dit : « Ah c'est ça ? Je ne suis pas sûre d'aimer, finalement ! »

À titre d'exemple, on reçoit beaucoup de candidatures pour le poste de *community manager*. À force d'utiliser les réseaux sociaux et de créer du contenu à titre personnel, d'aimer ça, on se dit qu'on pourrait en faire notre métier. Mais, quand on le fait au quotidien, on s'aperçoit que ce n'est pas uniquement créer du contenu et être en contact avec les influenceuses. C'est aussi plusieurs tâches fastidieuses : élaborer une stratégie sociale, programmer, répondre aux commentaires et aux messages, etc. Et finalement, ce n'est pas toujours ce qui nous plaît. »

...Est souvent ce
qui vous amène ici !
Ce que vous
apprenez ici...

2. Décollage vers votre job mortel

1, 2, 1, 2... Hudson, vous me recevez ? Ici tour de contrôle pour la navette Job Mortel, je répète, ici tour de contrôle pour la navette job de rêve. Êtes-vous parées à décoller ?

Nous avons toutes les clés en main pour aller dans la bonne direction : celle de notre job mortel. Si vous faites partie des chanceuses qui ont déjà trouvé leur voie, leur métier : félicitations. Pour les autres, pourquoi ne pas songer à la reconversion ?

Je vous vois venir et je vous arrête tout de suite ! Nous ne sommes jamais trop jeunes ou trop âgées pour remettre en question notre carrière professionnelle. Eh oui, nous pensons toutes avoir le pire âge pour changer de vie :

À la vingtaine, on se dit qu'on n'a pas assez d'expérience. À la trentaine, on se dit qu'on a une situation à construire. À la quarantaine, on se dit qu'on ne peut pas se permettre de mettre sa famille en danger. À la cinquantaine, on se dit qu'aucune entreprise ne voudra de nous. À la soixantaine, on se dit qu'on est dépassée par l'évolution du monde du travail.

20 ans : Trop jeune

30 ans : Trop de choses à construire

40 ans : Trop à perdre

50 ans : Trop de temps à convaincre

60 ans : Trop dépassée

Trop tard...

Et BAM ! Encore des croyances limitantes. Alors c'est reparti pour déconstruire nos préjugés ! Preuve qu'il n'y a pas d'âge pour changer d'avenir, je vous ai rassemblé quelques portraits de femmes ultra-badass qui ont entamé une reconversion à des âges bien différents et qui ont pourtant bel et bien tout déchiré !

Walk of FEMMES Reconversions

Vera Wang

(de patineuse à styliste)

Savez-vous que l'une des reines incontestées de la mode, Vera Wang, n'a commencé sa carrière de modeuse qu'à 40 ans ? Dur d'imaginer qu'avant ça ses sublimes robes de mariée n'existaient pas ! Pourtant, la styliste est à l'origine patineuse. C'est après avoir perdu les Jeux olympiques avec son équipe que Vera devient rédactrice dans le magazine *Vogue*, puis rédactrice en chef, avant de créer sa propre marque iconique.

Caroline Vigneaux
(d'avocate à humoriste)

Chroniqueuse radio en 2014, coprésentatrice en 2017, sacrée Molière de l'humour en 2019, actrice sur le petit comme sur le grand écran et on en passe ! Caroline Vigneaux a plus d'une corde à son arc côté scène, mais pas seulement… Eh oui, la standupeuse a d'abord été avocate. Elle exerce pendant plus de sept ans avant de se lancer en tant qu'humoriste à 34 ans. Une reconversion depuis couronnée de succès !

Sarah Ourahmoune
(de boxeuse à entrepreneuse)

Si vous êtes un tant soit peu intéressées par le sport, vous devriez connaître Sarah Ourahmoune. Boxeuse la plus médaillée de France, cette boss a même été championne du monde en 2008 ! Une belle carrière pleine de gloire et de succès, mais qui n'a pas empêché Sarah de voguer vers de nouveaux horizons. En 2012, alors qu'elle est en pause car enceinte, la sportive suit des cours d'entrepreneuriat à Sciences Po. Un premier contact qui devient décisif en 2016. Cette année-là, à l'heure de la retraite, elle se consacre pleinement à sa nouvelle boîte : Boxer Inside. Depuis, c'est elle qui coache des milliers de personnes.

Jessica Alba
(d'actrice à cheffe d'entreprise)

Enfants des années 1990, la plupart d'entre nous ont découvert Jessica Alba dans la série *Dark Angel*. Pour les plus jeunes, vous ne pouvez l'avoir ratée dans les mythiques *Sin City* et *Machete*. Dans tous les cas, vous savez que la dame est actrice. Ce que vous savez peut-être moins, c'est que depuis 2012 Jessica Alba est aussi cheffe d'entreprise : elle a fondé *The Honest Company* à 32 ans, qui propose des produits sains et *eco-friendly* pour femmes enceintes et *babies*. Évaluée à plus de 2,5 milliards de dollars en mai 2021, sa société est même entrée en bourse. À 40 ans, Jessica Alba est devenue la plus jeune femme d'Amérique latine détentrice d'une entreprise cotée en bourse ! Alors, c'est qui la boss de la reconversion ?

Se libérer de la peur du changement grâce à la roue de Hudson

Le cliché du « trop jeune » ou « trop âgée » à présent démantelé, nous pouvons enfin entamer notre lancement vers notre job mortel. Mais qui dit reconversion, dit forcément changement. Alors oui, ça fout la trouille. Ça coupe le souffle. La peur du changement nous frappe toutes ! Imprévisible et pernicieuse, elle peut parfois même prendre le contrôle de nos petits cerveaux et nous contraindre à penser que la situation dans laquelle nous sommes « n'est pas trop mal », quand bien même ce n'est pas du tout le cas…

NOUS NAVIGUONS ENTRE QUATRE ÉTATS DE PSYCHÉ : L'AUTOMNE, L'HIVER, LE PRINTEMPS ET L'ÉTÉ.

Alerte Hudson, vous nous recevez ? Vous pouvez nous aider ? Je crois bien que oui, car Frédéric Hudson, ce n'est pas n'importe qui. Docteur à l'université de Columbia, il est aussi l'un des pères fondateurs du coaching. On ne pouvait mieux tomber !

Ce monsieur, c'est le meilleur pour vaincre la peur du changement. Selon lui, si on tremble devant le changement, c'est tout simplement parce qu'on a du mal à l'anticiper. Rien de plus ! Comme le changement est un poil abstrait, on a du mal à cerner la place qu'il va occuper dans notre vie. Résultat : on préfère l'esquiver.

C'est un peu l'expression « mieux vaut être seul que mal accompagné » version « mieux vaut ne rien changer que mal transformer ». Mais le changement n'est pas aussi facile qu'une appli de rencontre : tu ne peux pas swiper à l'infini puis arrêter quand tu en as envie. Le changement, quel qu'il soit, a des conséquences. Difficile de faire marche arrière avec lui. En tout cas, c'est ce qu'on se dit. Et c'est là que M. Hudson intervient ! Il va nous aider à enfin mettre une raclée à cette peur qui nous tient ligotées. Pour ce faire, voici son arme secrète : la roue de Hudson !

Selon M. Hudson, notre évolution individuelle est un peu comme les quatre saisons (pas celles de Vivaldi). Il défend l'idée que nous naviguons entre quatre états de psyché : l'automne, l'hiver, le printemps et l'été. Et tout comme la météo, qui fait n'importe quoi ces dernières années, nous pouvons tout à fait ne faire que des allers-retours entre deux saisons. C'est d'ailleurs le cas lorsqu'on opère de plus petits changements dans notre vie.

Prenons un exemple : vous souhaitez adopter un chiot. C'est une décision réfléchie, qui vous tient à cœur et, surtout, c'est un changement choisi. Il faudra adapter votre routine et prévoir une place pour ce nouveau compagnon chez vous. Pour autant, votre vie sera un peu chamboulée, mais pas tant que ça, a priori.

Face à ce changement, vous allez très certainement d'abord nager en plein été : euphorie, hâte d'accueillir votre petit animal, c'est la pleine excitation. Vous vous voyez déjà faire mille choses avec Nuggets (oui, c'est son petit nom). Trois mois plus tard, Nuggets vous a bouffé trois paires de chaussures, a fait pipi deux fois sur le tapis, a volé les cuisses de poulet prévues pour le dîner et il va falloir très vite trouver un dog-sitter pour le garder si vous voulez vous envoler vers les cocotiers. Y'a pas à tergiverser : Nuggets, vous l'aimez plus que tout, mais bon, ce n'est plus l'euphorie des débuts. Rien de grave, vous êtes juste dans votre « automne ». L'été ne reviendra plus que ponctuellement dans votre belle amitié avec Nuggets.

Bref, c'est un peu le même cycle pour tous les petits changements : quand on se remet au sport (motivation – découragement – motivation), quand on se met en couple (ce n'est pas pour rien qu'on parle des fameux « papillons du début »), etc.

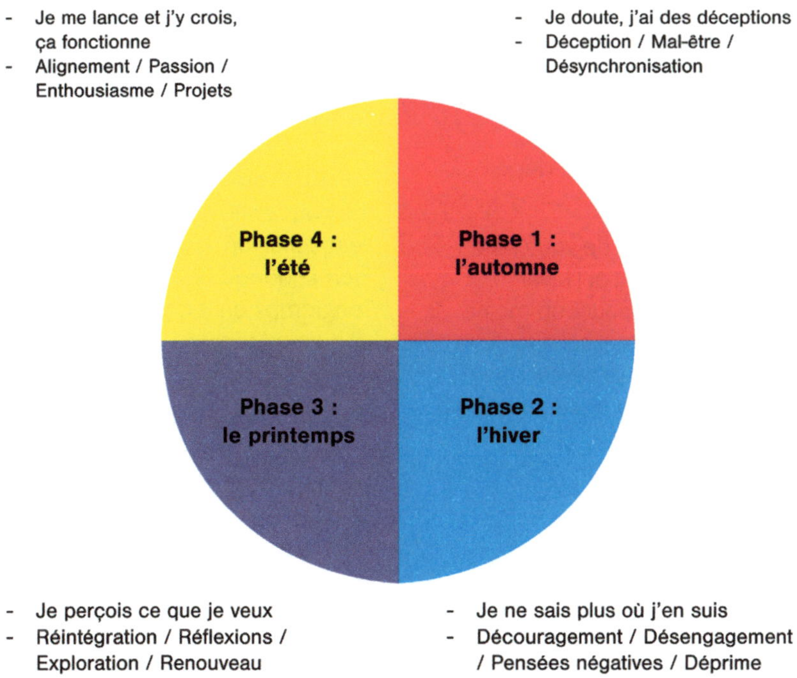

Globalement, si tout va bien dans notre vie, on oscille toutes entre l'automne et l'été. Le problème, c'est lorsqu'on y introduit un grand changement, comme la reconversion. On va forcément passer par plus d'états : ce sont les quatre saisons. Et ça, c'est ce que nous explique la roue de Hudson.

Quand on pense à la reconversion, on est souvent dans une phase de mal-être. On n'aime plus réellement ce qu'on fait, mais on redoute de renoncer à ce qu'on a commencé à construire. On se demande si on va réussir à sauter le pas, si on fait le bon choix. Nous voilà dans un marasme de doutes, et c'est tout à fait normal. Ça, c'est ce qu'on appelle **la phase de désynchronisation**. Bref, on sombre dans l'automne et ça risque fort d'empirer.

Sans surprise, après l'automne, c'est un peu l'hiver dans notre tête : on passe en **phase de désengagement** vis-à-vis de son job jusqu'à l'abandon. En somme, on hiberne, on mouline des pensées négatives et on est en semi-léthargie. Ça pue la déprime, hein ?

Non, mon but n'est pas de vous faire peur. Parce que, même si l'hiver de notre psyché est beaucoup moins sympa que le vrai hiver - sans raclette, ni ski, ni télésiège -, il se révèle primordial pour s'ouvrir et se renouveler.

Eh oui, car c'est seulement après l'hiver que vient le printemps ! Le printemps, c'est la **phase du renouveau** dans notre état d'esprit. On renoue avec l'envie, on expérimente de nouvelles choses. Des opportunités s'offrent à nous et réveillent notre intérêt, nous poussent à reconstruire quelque chose dans un environnement nouveau. C'est le décollage vers notre job mortel, Hudson ! Et ça, vous l'avez deviné, c'est la route tout indiquée pour finir en été.

Atterrissage réussi, vous venez d'arriver en dernière phase, dite de **l'alignement** : l'été ! Cocktail à la main et *summer vibes*, vous entamez votre nouvelle vie professionnelle (création de votre entreprise, nouveau poste, nouvelles missions, nouveaux projets, etc.).

Vous êtes en phase avec vos aspirations, vos valeurs et vos objectifs.

Finalement, la roue de Hudson est là pour nous prouver que tout ce que l'on ressent lors d'une transition de vie et de carrière est NORMAL. Elle permet de mieux appréhender les changements en nous annonçant les phases par lesquelles on va passer. Et surtout à demander de l'aide si on reste trop longtemps en « hiver ».

Alors, pour passer de l'hiver à l'automne en un rien de temps, préparez-vous au décollage vers votre job mortel avec Clémentine Galey, qui vous donne ses astuces pour une reconversion réussie.

CLÉMENTINE GALEY

Se reconvertir à 40 ans

Je m'appelle Clémentine Galey, j'ai 44 ans et je suis la maman de Pablo, Thelma, et enfin de Bliss, le premier podcast en France dédié à la maternité sans filtre.
J'ai commencé très jeune à travailler. Tout d'abord sur des plateaux de tournage, de films et de téléfilms où j'étais assistante à la mise en scène. J'assistais les réalisateurs. Puis j'ai quitté les plateaux pour être dans des bureaux de production et je suis devenue directrice de casting. Je m'occupais de toute l'unité casting de TF1 Production, de repérer des candidats pour des émissions de télé-réalité. (Attention, le mot qui fait peur.) Des émissions comme le « Bachelor », « Top Chef », « Nina Warrior »… J'avais un poste assez important et très fun à la fois.
À l'aube de mes 40 ans, il y a eu comme une espèce d'évidence, d'alignement de planètes (ou alors c'était la fameuse crise de la quarantaine). J'adorais mon boulot, mais je commençais à regarder ce que je pouvais faire à côté. L'entrepreneuriat me titillait vraiment. D'ailleurs, j'écoutais beaucoup de podcasts américains à l'époque sur le sujet, pour savoir comment passer de l'idée à l'action. Ça me fascinait de constater qu'on pouvait avoir une idée dans sa douche et le lendemain la transformer en business.
À ce moment-là, une de mes sœurs jumelles était enceinte et m'interrogeait souvent sur la maternité et l'accouchement. En répondant à ses questions, je me suis rendu compte qu'elle avait très peu d'informations alors qu'elle avait a priori tout pour les avoir. Pourtant, personne ne lui racontait vraiment ce qu'il se passait

dans une salle d'accouchement. Un jour, elle m'a dit : « Si tu ne m'avais pas dit tout ça, qui l'aurait fait ? » Là, ça a été le déclic. 1 : L'information circule mal pour les femmes enceintes, on y va dans un flou artistique ! 2 : Il y a l'émergence de ce nouveau média, le podcast, qui est génial pour raconter l'intime, car on peut explorer des sujets en profondeur.

Un soir, en rentrant de chez TF1, je suis dans ma voiture, à l'arrêt dans les embouteillages, et je me balade sur Instagram. Là, je vois un post d'une influenceuse australienne que j'adore, qui montre habituellement sa vie parfaite sur les réseaux sociaux, avec son mari parfait et ses cinq ou six enfants parfaits, dans des décors parfaits. Bref, vous voyez le genre. Elle publie : « J'ai raconté mes accouchements sur ce podcast, allez l'écouter si ça vous intéresse ! » Je vais l'écouter, car j'ai une heure à tuer. La voix de cette femme remplit ma voiture et j'ai l'impression qu'elle est assise à côté de moi, qu'elle me raconte sa vie. Cette fille que je voyais parfaite sur Instagram devient vraiment de chair, d'os et d'émotions. Et comme nous toutes, elle en a chié ! Elle raconte ses failles, ses doutes, ses angoisses, ses joies, ses peines, et ça me transperce.

Je me dis alors qu'il faut que j'écoute ça en français... Je cherche partout mais ça n'existe pas. C'est bon, je l'ai, mon idée ! Je sais identifier des témoins, je sais faire du montage, j'adore écouter les histoires de grossesse et de maternité, je vais lancer ce podcast.

Ça n'a pas été facile tout de suite. On ne se jette pas à l'eau dans un nouveau métier comme ça (et qui, sur le papier, n'a rien à voir avec ce qu'on faisait avant). D'ailleurs, j'ai commencé Bliss un an avant de quitter TF1, pour être sûre. Bref, voici mes conseils pour entamer sa reconversion, aussi bien dans l'entrepreneuriat que dans le salariat !

1. Identifier ce qui nous transperce

Le plus important : identifier ce qui nous fait vibrer plus que tout.

C'est la base. Même si votre entourage tente de vous faire croire le contraire. Il faut écouter les conseils, évidemment, mais pas trop ! Si on est convaincue dans ses tripes que c'est la bonne idée ou que c'est le bon métier pour soi, c'est pour une bonne raison.

Moi, par exemple, quand j'ai annoncé que j'allais créer un podcast sur la maternité et l'accouchement, tout le monde me disait que c'était trop spécifique, que ça n'allait plaire à personne. Que je ferais mieux de faire un podcast sur la parentalité en général, pour toucher les hommes, englober plus de monde, etc. C'était un grand NON ! Un des moments cruciaux pour une femme est celui où elle va devenir mère (pour celles qui le souhaitent, bien entendu), il était donc nécessaire de parler de l'accouchement. Heureusement que je me suis écoutée.

Il faut avoir cette conviction en tête et ne pas la lâcher. Quand ça brûle dans les tripes, c'est bon signe !

2. Baliser le terrain

Un virage, un changement de vie, de métier ou un saut dans le vide, quand il s'agit d'entrepreneuriat, ça se prépare.
Il ne faut pas se mentir, **c'est important de connaître, de comprendre et d'évaluer les sacrifices** que notre reconversion implique, que ce soit en matière de temps, de santé mentale ou d'énergie. Et aussi l'impact financier qui va avec, s'il y en a un.

Dès les premiers épisodes, j'ai tout de suite senti que la magie opérait mais, à l'époque, le podcast ne se monétisait pas du tout. J'avais deux enfants, je n'étais pas rentière, et mon mec ne pouvait pas assurer les finances pour nous deux. Il m'a fallu un an pour quitter TF1, pour consolider mon business et pour être sûre que j'allais pouvoir en vivre. Je suis aussi partie avec une rupture conventionnelle, donc le chômage m'a aidée les premiers mois.

Baliser le terrain, c'est ça. C'est préparer l'atterrissage. C'est sauter dans le vide, mais au moins avec des harnais de sécurité.

3. Y aller à fond !

À un moment donné, il faut y aller ! Si tu as bien balisé ton terrain, il ne peut rien t'arriver. Quand tu es vraiment à la bonne place, au bon moment, tout s'aligne.

Je suis aussi la preuve vivante qu'il n'y a pas d'âge pour se reconvertir. C'est sûr que plus tu es âgée, plus tu regardes ce qu'il y a devant, ce qu'il y a derrière, et tu crois que tu n'as plus vraiment la vie devant toi. Mais c'est faux ! Tu as emmagasiné tellement d'informations, d'expériences, d'atouts qui te serviront pour ton nouveau métier, si éloigné qu'il te paraisse…

À 40 ans, je n'avais pas le temps de commencer une formation, mais je me suis aperçue que j'avais beaucoup de cordes à mon arc. Je ne suis pas du tout repartie de zéro. De nombreuses choses me sont utiles dans mon nouveau métier que j'avais apprises auparavant sans le savoir. Et ça fait gagner tellement de temps !

Quand tu exerces un métier qui te plaît et qui t'anime, ton énergie est décuplée, tu peux gravir des montagnes. Il faut le prendre en compte, car tu es capable de tout faire, tout accomplir.

On est de vraies boss !

3. Mains en l'air, imposteuses !

VOUS ÊTES EN ÉTAT D'ARRESTATION POUR COMPLICITÉ AVEC UN DES PLUS DANGEREUX CRIMINELS QUI SOIENT.

JE PARLE BIEN SÛR DU...

… syndrome de l'imposteur

Mes preuves à l'appui ? Vous avez été prises en flagrant délit de mauvaise estime de soi. Si, si, ne mentez pas. Tout ce que vous direz pourra être retenu contre vous. N'essayez même pas de me faire croire que vous ne vous êtes jamais dit :

> « J'ai eu mon diplôme, mais c'était un coup de chance. »
> « Les autres sont bien meilleur·e·s que moi ! »
> « Je ne peux pas donner mon avis, car je ne suis pas légitime. »
> « J'aurais pu mieux faire ! »
> « Ne me félicitez pas, ce n'est pas que moi… »

Alors, coupables ou pas ?

Si vous avez tendance à minimiser vos compétences, si vous avez du mal à vous attribuer vos réussites, si vous mettez en avant ce que vous avez fait de mal plutôt que ce que vous avez fait de bien, c'est que vous souffrez sans aucun doute du syndrome de l'imposteur !

« C'est grave, monsieur l'agent ? »

Le syndrome de l'imposteur, c'est croire que nos réussites sont dues à la chance ou à n'importe quel autre facteur, autre que nous. C'est une sorte de dialogue interne, un petit diablotin qui vient se glisser dans notre oreille, qui sape notre confiance en nous et nous fait croire que nous sommes illégitimes, voire totalement nazes… ou pire.

Résultat : nous y croyons dur comme fer et nous finissons par être complètement épouvantées à l'idée que quelqu'un puisse un jour nous démasquer ! Nous, l'imposteuse qui ne mérite pas la place que nous avons, les succès que nous avons remportés, les félicitations qu'on nous a adressées.

Évidemment, cela peut avoir de lourdes conséquences sur notre carrière professionnelle :

- **Passer à côté d'opportunités et rester en retrait pour ne prendre aucun risque.**
- **Ne pas oser demander de l'aide par peur d'être jugée comme incompétente.**
- **En cas de remarque sur notre travail, cela nous atteint. Nous nous en voulons de ne pas avoir été parfaite.**
- **Ne pas oser demander d'augmentation ou de promotion, car nous nous considérons déjà assez chanceuse d'avoir ce poste.**

La liste est loin d'être exhaustive. Mais rassurez-vous, on est loin d'être les seules ! Selon une étude publiée dans le *Journal of Behavioral Science*, (Sakulku, J. « The Impostor Phenomenon », 2011), **70 % des personnes dans le monde souffrent du syndrome de l'imposteur à un moment de leur vie.** Contrairement à ce que l'on pourrait croire, ce syndrome n'est pas une maladie. À l'origine de ce nom inventé en 1978 se cachent deux boss psychologues : Pauline Rose Clance et Suzanne A. Imes. Elles ont justement utilisé le terme de « syndrome », car celui-ci peut s'opposer au terme « maladie ». Si on fait une infidélité au *Petit Robert* pour aller voir du côté du *Larousse*, la maladie est ainsi définie : « Altération de la santé, des fonctions des êtres vivants, en particulier quand la cause est connue (par opposition à syndrome). »

Conclusion : nous ne sommes pas malades ! Nous voilà sauvées !

- Minimiser ses succès et les attribuer aux autres
- Douter de ses capacités et de ses accomplissements
- Anxiété, stress ou dépression
- Penser que tout est de sa faute
- Sentiment d'être une fraudeuse et peur d'être démasquée

LAURY THILLEMAN

« Je suis atteinte du syndrome de l'imposteur. Encore aujourd'hui, je m'excuse parfois d'être là. J'ai ce besoin constant d'être validée, d'être légitime dans tout ce que je fais. Je ne sais pas pourquoi, c'est bête. Évidemment que Miss France m'a aidée. Ça a été un tremplin exceptionnel qui m'a beaucoup appris et m'a portée dans tout ce que j'entreprends aujourd'hui. D'une certaine façon, les gens nous voient souvent uniquement par le prisme de la beauté. Mais Miss France ne me définit pas, ce n'est pas ce que je suis.

J'ai eu naturellement ce besoin de retourner faire des études, de bosser peut-être douze fois plus que certaines personnes qui sont à la même place que moi pour me dire : « J'ai un bagage, je ne suis pas juste une écharpe ou une couronne ! » Je vaux les vingt-quatre années de ma vie qui ont précédé Miss France, mon éducation, mes études, mes passions. Tout ça, c'est mon ADN et ce que je suis vraiment. Miss France ne représente qu'un an de tout ce que je suis !

Le syndrome de l'imposteur sera peut-être éternellement en moi, ou en nous toutes, mais j'essaie d'arrêter de m'excuser d'être là, de faire ci et ça, de prendre de la place. Il faut diminuer ce curseur au max ! »

Comme pour Laury, le syndrome de l'imposteur m'a habitée pendant plusieurs années. J'avais beaucoup de mal à prendre la parole sur des sujets que, pourtant, je connaissais plutôt bien.

Lors d'événements professionnels, je donnais timidement mon avis sur l'entrepreneuriat, le digital ou les réseaux sociaux. Moi qui avais pourtant réussi à fédérer une communauté de plus de 8 millions de femmes en France en huit ans d'entrepreneuriat, je restais quasi muette sur tous ces sujets que je connaissais bien et qui me passionnaient suffisamment pour que j'aie matière à palabrer ! Pendant des années, je n'ai existé qu'à moitié, persuadée que celles et ceux qui parlaient bien et fort méritaient un plus bel espace de parole. J'étais de celles qui n'osaient pas, paralysées par la peur de ne pas être à la hauteur.

Aujourd'hui, j'anime des conférences sur le sujet et, encore plus incroyable, j'écris un livre sur le sujet. Comme quoi, tout est possible !

Overdoing vs Underdoing

Je pratiquais ce qu'on appelle « l'overdoing », c'est-à-dire le fait de travailler de manière excessive, se préparer très intensément pour attribuer sa réussite à la quantité exceptionnelle de travail abattu, et non à sa valeur qualitative. C'est une attitude propre au syndrome de l'imposteur.

Le piège, c'est que l'exact opposé existe aussi : « l'underdoing ». Pour le coup, c'est tout faire pour échouer. C'est ce que j'appelle plus communément « s'autopourrir ». Bien sûr, on ne le fait jamais volontairement. L'underdoing est un filou particulièrement avisé : il s'introduit dans votre esprit pour vous faire faire le moins de choses productives possible, qui vous mèneront à la banqueroute ! Pourquoi joue-t-on comme ça aux saboteuses de notre propre succès ? Parce que, si on finit par échouer, on aura tendance à reconnaître qu'on ne s'était pas donné les moyens. Zéro succès mais zéro culpabilité ! Le pire, c'est que ça nous paraît souvent pas mal comme stratégie : on a l'impression de moins vivre de véritables échecs et donc de moins souffrir. Mais, en fin de compte, ce sont toutes nos opportunités qu'on sabote allègrement.

L'overdoing comme l'underdoing sont semblables à des escrocs qui vous vendent un système de sécurité pour ensuite mieux vous cambrioler. Il faut donc les mettre derrière les barreaux *illico presto* !

Syndrome de l'imposteur vs Humilité

STOP AUX FAUSSES IDÉES !

Le syndrome de l'imposteur n'est pas une preuve d'humilité. Nous devons faire la différence entre « s'auto-décrédibiliser » et « être modeste ».
Si on commence à penser qu'on fait simplement preuve d'objectivité et de plus d'humilité que la moyenne lorsqu'on est extrêmement exigeante avec soi-même, on n'est pas près de s'en sortir.

Problème : on a tendance à croire que s'attribuer une réussite s'apparente à de la frime. Pour vous prouver que se dévaloriser n'a rien à voir avec l'humilité, retournons voir le *Larousse*, qui définit l'humilité comme un « état d'esprit de quelqu'un qui a conscience de ses insuffisances, de ses faiblesses ». Le syndrome de l'imposteur, c'est donc tout le contraire ! Avec lui, on a une mauvaise perception de soi-même, une estime de soi en berne qui nous force à dévaloriser nos qualités.

Ma grand-mère me disait toujours : « Quand tu fais quelque chose de bien, dis-le ! Parce que personne ne le fera à ta place ! » Il n'y a absolument aucun mal à se féliciter et à être fière de nous, au contraire. J'ai alors commencé à travailler sur mon estime, pour peu à peu sortir de cette spirale infernale.

Attention toutefois : même lorsqu'on croit s'en être débarrassée et l'avoir définitivement enfermé, il peut revenir. Au moment d'écrire ce livre, je me suis dit : « D'où, moi, Melody Madar, j'irais prétendre écrire un livre ? Qui suis-je pour que les gens aient envie de me lire et de suivre mes conseils ? » L'imposteuse était de retour pour me jouer un mauvais tour. Un peu comme la devise de la Team Rocket.

Je veux dire par là que le syndrome part et revient constamment. La question n'est donc pas de savoir comment en finir avec lui, mais plutôt comment le contrôler, l'atténuer et apprendre à vivre avec. C'est justement l'objet du prochain passage. Alors, continuez votre lecture, mesdames, et découvrez Shanty Baehrel, entrepreneuse et fondatrice de la marque de biscuits personnalisés Shanty Biscuits, qui nous livre ses meilleurs conseils pour reconnaître, apprivoiser et vivre avec le syndrome de l'imposteur !

Nous ne sommes plus dans une démarche d'objectivation de notre valeur, comme le fait l'humilité !

SHANTY BAEHREL

“Je m’appelle Shanty Baehrel, mais je suis aussi connue sous le nom de « BISQUEEN », car j’ai créé en 2013 une boîte qui fabrique des biscuits personnalisés : Shanty Biscuits. Mes parents ne sont pas spécialement carriéristes, ma mère est infirmière et mon père conseiller pédagogique. On n’a pas d’entrepreneurs dans notre cercle familial, à vrai dire le monde du travail m’a toujours paru flou et peu intéressant, et je suis plus attirée par ce qui touche à la créativité et à l’artistique.

Mon bac S en poche, je ne savais pas ce que je voulais faire, alors j’ai décidé de commencer une fac de maths. Ça ne me passionnait pas du tout, mais j’étais complètement paumée. Après quelques tergiversations, j’ai trouvé un job alimentaire dans une petite entreprise qui fabrique des éclairages.

En 2013, je suis arrivée dans l’entrepreneuriat par hasard. Je n’étais pas dans le délire « je vais monter une boîte ». Je n’y connaissais absolument rien. Et, à l’époque, il n’y avait pas toutes ces formations en ligne ou ces podcasts pour démystifier le monde de l’entreprise. Monter une boîte me paraissait appartenir à un autre univers, pas à ma vie à moi.

Le jour de mes 24 ans, on m'a offert plein d'accessoires de cuisine rigolos, dont un tampon à biscuits sur lequel il était écrit « approuvé par le chef ». Je faisais mes biscuits pour les offrir à mes amis... Finalement, je me suis dit que je ne pouvais pas les leur donner, car, déjà, j'étais une catastrophe en cuisine, alors ils n'auraient pas du tout été approuvés par le chef, mais surtout, le message n'avait aucune originalité. J'aurais aimé pouvoir le personnaliser. L'idée de Shanty Biscuits était née !
Je me suis dit : « Le concept n'existe pas, pourtant il serait génial, alors c'est parti, je le fais ! » Avec beaucoup d'innocence et d'insouciance en fin de compte. Je n'ai pas fait de business plan, d'analyse concurrentielle ou de marché... Je ne me disais pas « je monte une boîte », mais plutôt « je m'amuse à créer cette idée ». Peu à peu, je me suis prise au jeu, et ça a commencé à grandir. Je me suis presque réveillée un matin et j'ai réalisé que j'avais monté une entreprise ! Mon parcours a été long et difficile ; quand je me compare (ce n'est pas bien), je trouve nul que la boîte n'en soit que là en dix ans. Mais chacun a une histoire et des bagages différents.

Je définis le syndrome de l'imposteur comme le fait de ne pas se sentir à sa place, ne pas se sentir légitime là où l'on est. Je pensais ne pas mériter ma place de cheffe d'entreprise, je n'avais pas l'impression de savoir ce que je faisais. J'ai raté mes études, je ne sais pas faire de tableau Excel, je n'ai aucune expertise, quel droit ai-je à diriger des gens ? Je n'ai jamais rien appris à ce sujet. C'est quelque chose que j'ai ressenti pendant des années sans vraiment mettre de mots dessus.
Ça se traduisait par de la honte, le sentiment de ne pas mériter ma place et l'incapacité à imposer mes idées.. J'avais honte de ne pas savoir certaines choses que j'étais « censée » savoir, comme calculer un EBITDA, les histoires de marge, manager les gens, etc.
J'ai mis longtemps à me sentir légitime et à me dire que ce n'est pas aux gens de définir là où je dois être, c'est à moi de l'imposer. La légitimité, c'est un sentiment interne, il n'y a pas de diplôme à passer pour avoir le droit de monter une boîte. Certes, je ne sais pas lire un bilan, mais à côté de ça, j'ai des talents dans la communication, le marketing, j'ai de bonnes idées et un bon sens logique. Et c'est ça qui a fait grandir la boîte, c'est ça le moteur. Donc je suis parfaitement légitime !

SHANTY BAEHREL

Je dis souvent que Shanty Biscuits, c'est un succès et un échec à la fois. Un échec, car je n'ai pas atteint les objectifs que je m'étais fixés en dix ans. Mais un succès, car vu d'où je suis partie, c'est aussi beau d'en être arrivée là.
Je suis, certes, la preuve qu'on peut monter une entreprise en étant autodidacte, mais je pense que c'est plus dur. Ça a été une force et une faiblesse à la fois. Une faiblesse, car tout a été très difficile, très long, et j'ai dû apprendre sur le tas, donc commettre toutes les erreurs qui vont avec... Une force, car j'ai pu créer la marque que je rêvais de voir. J'ai tout fait à l'instinct. Je n'ai pas fait du politiquement correct et c'est ce qui a marché. J'ai pris des risques, j'ai fait ce qui me semblait bien et pas ce que les autres faisaient. C'est pour cela que la marque a une vraie âme.
Je ne connais pas vraiment l'origine de mon syndrome de l'imposteur. Il vient évidemment d'un manque de confiance en moi que je traîne depuis petite. Je me suis fait aider et accompagner pendant plusieurs années, et il s'est aussi atténué grâce à des événements de la vie, et un spécialement.
En 2018, j'ai eu la chance de recevoir le prix Clémentine décerné par Veuve Clicquot, qui m'a récompensée en tant qu'entrepreneuse. Ça a été une sorte d'électrochoc. Je me suis dit : « Si eux me reconnaissent en tant qu'entrepreneuse, alors je suis à ma place, je la mérite vraiment. »
Aujourd'hui, avec une boîte qui a dix ans d'existence, je ne me sens plus du tout imposteur à la tête de Shanty Biscuits. Je suis totalement à l'aise avec ce que je sais faire et ce que je ne sais pas faire, d'où je viens, comment je gère mon entreprise. Je sens que je suis à ma place et que je n'ai rien à cacher ni à prouver quoi que ce soit.

De cette histoire, de mon histoire, j'ai deux conseils à vous donner pour vaincre votre syndrome de l'imposteur.

Le premier, c'est FAIRE ! Être dans l'action ! Ne pas s'autocensurer et saisir toutes les occasions d'apprendre. Il faut faire les choses que vous avez envie de faire, même si vous pensez ne pas être légitime. Ça, c'est dans la tête ! Tout le monde est légitime pour tout faire ! Et, si vous n'y arrivez pas, ce n'est pas grave. Nous ne sommes pas censées tout savoir. Dans ce cas-là, il ne faut pas hésiter à demander de l'aide quand c'est nécessaire et à bien s'entourer. Aussi bien professionnellement que personnellement.

Le second : ne surtout pas se comparer aux autres ! Ne pas penser que vous êtes censée être comme telle ou telle personne. Vous êtes unique, alors pourquoi vous comparer ? En plus, on compare souvent les réussites des autres avec ses échecs à soi. C'est déséquilibré.
Il faut se concentrer sur soi, même si c'est très dur. Sur Instagram, par exemple, j'ai arrêté de suivre des personnes qui me font complexer. Plus on voit les autres, plus on se compare, plus on se sent nulle. J'ai compris avec le temps que personne d'autre que moi n'est Shanty et n'a fait Shanty Biscuits, donc je ne peux pas dire : elle, elle aurait fait mieux !
Aussi, il ne faut pas avoir peur du regard des autres. D'autant plus qu'on imagine souvent ce que les autres pensent en nous voyant, et on est rarement dans le juste. Quand je me retrouve dans une pièce avec plein d'entrepreneurs qui ont fait de grandes et belles études et sortent d'une école de commerce, par exemple, ça me renvoie à tout ce que je ne suis pas, tout ce que je n'ai pas fait et que je ne sais pas faire, à toutes mes lacunes... Alors qu'en fait, eux, ils s'en foutent totalement ! Si ça se trouve, ils envient ma créativité.

Aujourd'hui, ma différence, j'en ai fait une force, et maintenant je ne veux plus ressembler à personne ! Croyez-moi ! Si vous m'aviez rencontrée avant Shanty Biscuits, vous n'auriez jamais misé sur moi pour monter une boîte... ”

4. Échec et mat !

Nous voilà maintenant propulsées vers notre job mortel, sans plus jamais nous sentir telle une imposteuse. Mais on ne va pas se le cacher, le succès n'est pas assuré.

Eh oui, la vie, c'est un peu comme un jeu d'échecs géant. On doit faire des choix pour avancer. Chaque coup est un défi à relever. Souvent, on fait des erreurs qui nous font perdre quelques pions en route. Il faut continuer de progresser pour gagner la partie.

Vous l'avez compris, notre vie de boss sera ponctuée d'erreurs, d'échecs plus ou moins gros. Oui, on va se foirer. On va se louper. On va merder parfois. Mais rassurez-vous, on a le droit !

FAIRE SES PROPRES ERREURS, CE N'EST PAS ÉCHOUER ! C'EST OK !

ET SI VOUS EN DOUTEZ, VOICI LA BONNE STRATÉGIE.

« JE REFUSE QUE LA PEUR DE L'ÉCHEC M'EMPÊCHE DE FAIRE CE QUI M'IMPORTE VRAIMENT » a dit un jour Emma Watson. Comme Katy Perry et Taylor Swift, Paris Hilton et Nicole Richie, Nicki Minaj et Cardi B, la peur et nous, c'est un peu pires amies-meilleures ennemies.

Parfois, la peur est notre meilleure alliée. Quand elle nous évite de nous jeter dans un ravin sans aucune sécurité, là, on lui dit merci ! Mais la peur peut aussi être une sacrée tannée ! Dans ce cas, elle est capable de complètement nous freiner. Par exemple, si on reprend notre chère et tendre peur du vide qui nous sauve la vie, elle peut aussi nous empêcher de faire de belles choses : gravir l'Everest, sauter en parachute ou encore recevoir une demande en mariage au sommet de l'Empire State Building. Aïe.

Comme le souligne la Queen Emma, la peur de l'échec nous empêche souvent d'atteindre nos rêves.
Elle se manifeste par des excuses et des raisonnements qui nous freinent. Vous vous souvenez, encore ces fichues croyances limitantes. Nous restons ainsi dans notre zone de sécurité. Avouons-le, si on était sûre de réussir quoi qu'il arrive, on n'aurait pas peur de faire quoi que ce soit. On se sentirait libre d'accomplir tout ce qui est bon pour nous et notre vie serait bien différente, n'est-ce pas ?

La peur de l'échec, on la traîne souvent depuis très, très longtemps, puisqu'elle nous est transmise dès notre plus tendre enfance. Elle est souvent conditionnée par l'éducation et les critiques destructrices que nous avons pu subir tout au long de notre vie. Vous vous souvenez de cette fameuse notion d'« échec scolaire » qu'on nous rabâche depuis des années ? Une spécificité française, bien de chez nous, qui se matérialise par un système de notation basé sur la dévaluation des notes basses et qui a transformé l'école en une course géante au 20/20. L'unique but à atteindre devient alors la bonne note et non plus la connaissance ou l'effort, comme c'est le cas chez nos amis américains. Avoir une mauvaise note est souvent interprété comme un manque de travail. C'est bien là que le problème réside. Si l'enfant se trompe, c'est forcément qu'il n'a pas assez travaillé, ou c'est parfois même, pour certains, synonyme d'un manque d'intelligence, une fatalité qui ne peut évoluer. Il faut alors le sanctionner, le punir, pour l'empêcher de recommencer. Implicitement, on lui transmet ce message : il n'y a qu'une façon de réussir et il n'a pas le droit à l'erreur. Tout est blanc ou tout est noir. Le gris n'existe pas. À partir de là, on comprend vite pourquoi on n'est pas les champions du monde de la prise de risque. Heureusement, la peur de l'échec n'étant liée qu'à des choses qu'on a apprises, on peut aussi bien les désapprendre ! Alors, vous en dites quoi ?

CEUX QUI
PENSENT
QUE C'EST
IMPOSSIBLE
SONT PRIÉS
DE NE PAS
DÉRANGER
CELLES QUI
ESSAIENT !

Laissez-moi d'abord vous raconter l'histoire folle de Sara Blakely, la fondatrice de la célèbre marque américaine Spanx, qui parle de sa vision de l'échec dans une interview donnée à Tony Robbins : « Mon père m'encourageait à échouer ! » Étrange et pas très commun pour un père, me direz-vous. Pourtant, la suite donne à réfléchir. Sara raconte que chaque fois qu'elle rentrait de l'école, son père lui demandait : « Alors, à quoi as-tu échoué aujourd'hui ? », et s'il n'y avait rien, il était déçu.
Dans le cas contraire, il la félicitait. Son père faisait en réalité quelque chose de plutôt incroyable : il était en train de changer sa définition de l'échec. Il faisait en sorte que Sara ne le voie pas comme un résultat négatif mais positif. Il la poussait inconsciemment à analyser toutes les choses positives qu'elle tirait de ces tentatives. L'échec ne signifiait plus « ne pas y arriver », mais « ne pas essayer ». Sara conclut d'ailleurs cette magnifique histoire par cette phrase : « En grandissant, mes seuls échecs, c'est quand je n'essayais pas ! »

D'où viennent nos connaissances ?

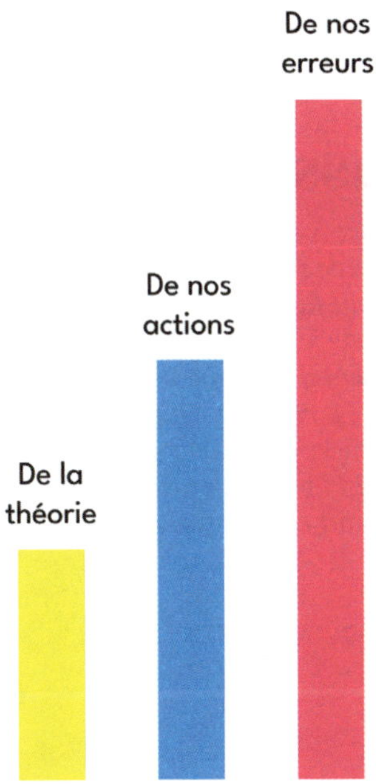

L'échec est une fatalité : il est inévitable, dès lors qu'on est dans l'action. Finalement, l'échec n'est-il pas plutôt le résultat d'un manque d'action ? Après tout, si on a réussi à tirer un enseignement positif d'une expérience, est-ce vraiment un échec ? J'irais même plus loin : le mot « échec » n'est-il pas un chouïa galvaudé ?

Pour le savoir, on a demandé à des boss de nous donner leur propre définition de l'échec.

Dico boss

"ÉCHEC"

Kelly Massol

« L'échec est simplement une étape pour te construire. Tous les échecs que j'ai rencontrés ont fait la femme que je suis aujourd'hui. Alors pour rien au monde je ne reviendrais dessus. Et c'est bien que des échecs traversent des moments de ta vie, car ça te permet de mieux savourer. La réussite n'a pas le même goût quand on a mis du temps à réaliser quelque chose et qu'on se dit : Ça y est, j'y suis arrivée ! Plus tu en auras bavé, plus le succès sera resplendissant et retentissant ! »

Carole Juge-Llewellyn

« L'échec, c'est une opportunité de construire et une opportunité d'apprentissage. Une des choses que je dis souvent à mes salariés chez Joone : on a le droit de se tromper, mais on a le devoir d'apprentissage. N'importe qui peut se tromper, ce n'est pas grave. Mais la chose que l'on doit absolument faire, c'est en apprendre quelque chose. »

Elsa Wolinski

« Je suis la reine de l'échec, je me trompe tout le temps et j'ouvre tout le temps la mauvaise porte ! Mais l'échec pour moi n'est pas quelque chose de négatif, car il est capable de réveiller en nous une espèce d'instinct de survie qui permet de se relever et de remonter immédiatement très vite et encore plus haut ! Parfois, je dois l'avouer, je fais même exprès de tomber pour retrouver cette dynamique d'aller de l'avant ! »

Louise Aubery

« L'échec, pour moi, n'est pas une réalité, c'est plutôt une perception. On perçoit quelque chose comme un échec à partir du moment où on l'étiquette comme tel et qu'on y apporte un jugement moral. Par exemple, si mon entreprise s'arrête demain, ce ne sera pas un échec pour moi, dans la mesure où j'ai tellement aimé construire cette marque, la développer, la faire grandir, rencontrer des gens, etc., que ce sera forcément un succès en termes de ressenti et de plaisir. Pourtant, ça pourrait être interprété comme un échec. Il ne faut donc pas oublier de regarder toutes les choses positives qu'on a vécues. L'échec est en réalité une expérience qu'on a tendance à juger ou à connoter de manière péjorative. »

Laure Cohen

« L'échec, ça peut paraître bateau, mais c'est la plus grande source d'apprentissage. Quand on le vit, OK, c'est difficile. Mais moi, bizarrement, j'ai bien mieux vécu mes échecs que la réussite et le succès. La réussite m'a choquée. D'abord, j'ai mis plus de dix ans avant que ça arrive, et ça m'a pris un long moment avant de réaliser que ça arrivait. À un moment donné, j'ai vécu cette chose : numéro 1 du Top, première semaine, deuxième semaine, troisième semaine… pendant huit semaines ! Et au lieu de profiter, j'angoissais : "Je ne vais que redescendre !" Il n'y a plus de perspectives, il y a forcément une chute, plus ou moins violente. La réussite a un côté un peu anxiogène, alors que, dans l'échec, je sais ce qu'il faut faire ! Il faut se relever, il faut se battre, il faut transpirer ! En réalité, dans les réussites comme dans les échecs, c'est le chemin qui est formidable. »

Concluons sur l'histoire de Sara et sur les définitions de nos boss. Elles montrent trois choses :

1. La définition de l'échec est propre à chacun et à chacune ; elle est le fruit de notre manière de voir, d'interpréter les choses, elles-mêmes étant intrinsèquement liées à nos expériences passées. Mais ces expériences ont toutes un point commun : celui de voir l'échec comme une occasion à saisir pour grandir.
2. Encore une fois, notre façon de voir les choses est fondée sur des croyances ancrées depuis notre plus tendre enfance. À nous de changer ces croyances pour doper notre confiance en soi et voir l'échec comme une opportunité (Mandela vibes : « Je ne perds jamais, soit je gagne, soit j'apprends ! »).
3. Les vertus de l'échec se révèlent positives uniquement si l'échec est analysé pour en tirer une leçon. L'échec permet de comprendre ses erreurs et de se focaliser dessus pour en extraire le meilleur.

Finalement, il n'y a qu'une seule façon d'échouer : celle de ne pas continuer à essayer.

Il n'y a pas de limite au nombre de fois où tu peux tomber. Il n'y a pas de limite au nombre de tentatives. Au bout de combien de temps dit-on à un enfant qui apprend à marcher d'arrêter d'essayer ? Jamais ! On l'encourage jusqu'à ce qu'il marche. Pour l'échec, même chose. Il faut tenter jusqu'à ce que celui-ci se transforme en succès. Rappelez-vous d'ailleurs que toutes celles et tous ceux qui ont réussi, quel que soit le domaine, ont commencé par échouer, même les plus grandes boss ! Cela fait partie intégrante du succès. Vous ne me croyez pas ? Laissez-moi vous le prouver !

Nous pensons que nos échecs
sont des obstacles à notre succès

alors qu'en réalité ils en font
entièrement partie.

Ne partir de rien, essayer, se tromper, tomber, se relever, s'entourer, se faire confiance et atteindre son sommet. Voici la vraie aventure d'une boss !

Walk of FEMMES Échec

Anna Wintour

La grande prêtresse incontestée de la mode, la rédactrice en chef de *Vogue US*, Anna Wintour, a bien failli ne pas devenir Le *Diable qui s'habille en Prada*. Elle s'est même fait jeter du très chic *Harper's Bazaar*. En cause : son goût de la mode trop avant-gardiste. Qu'à cela ne tienne, elle n'a pas changé de goût, mais a changé de magazine et a peu à peu gravi les échelons du succès. Le *Harper's* a dû s'en mordre les doigts !

Arianna Huffington

Si son nom de famille vous dit quelque chose, ce n'est pas pour rien : il s'agit bien de la fondatrice du Huffington Post, média référence en matière d'informations. Avant de jouer avec les mots dans la cour des grands médias, on peut clairement dire qu'elle est passée par bien des maux. Mauvaise maîtrise de la langue anglaise, écrits critiqués à l'université, second livre refusé par trente-sept éditeurs, perte à l'élection au siège de gouverneur en Californie à quelques centièmes de pourcentage près. Heureusement, aucun de ces coups de massue n'a su étouffer sa jolie plume. Selon elle, « l'échec n'est pas le contraire du succès, c'est une partie de la réussite ! ». Depuis, elle a même remporté un Pulitzer.

Lady Gaga

Si Madonna est la reine de la pop, Lady Gaga en est la princesse. De *Poker Face* à *Hold my Hand*, l'artiste a fait un sacré bout de chemin. Autrice-compositrice-interprète, actrice, danseuse... *A Star is Born*, tout simplement. C'était pourtant mal parti ! À ses débuts en 2006, elle signe avec le label Island Def Jam (Universal Music). Au bout de trois mois seulement, elle se fait jeter comme une vieille chaussette. Mais elle récupère tant bien que mal les droits de ses chansons, et parmi elles figure l'un de ses futurs tubes, *Paparazzi* ! « Virer Lady Gaga a été la plus grosse erreur de ma vie », confiera L.A Reid, le directeur de l'époque, à Ellen DeGeneres, des années plus tard.

Serena Williams

Considérée comme l'une des plus grandes joueuses de tennis de tous les temps, Serena n'a pourtant pas remporté que des succès. Elle commence sa carrière professionnelle à l'âge de 14 ans au tournoi de Québec, où elle échoue en qualifications. Deux ans plus tard, elle fait son retour au tournoi WTA à Moscou et est éliminée dès le premier tour. La joueuse ne baisse pourtant pas les bras et continue de perfectionner son jeu (et son état d'esprit !) pour devenir la recordwoman que l'on admire toutes et tous. Serena se confiera alors, lors de nombreuses interviews, sur son rapport à l'échec. Elle admet détester perdre tout en soulignant que cela a forgé son caractère, l'a aidée à grandir et à devenir cette joueuse légendaire.

HAPSATOU SY

“ Je suis Hapsatou Sy, entrepreneuse (et spécialisée en échecs aussi), animatrice de télévision, femme libre et maman ! Quand j'étais petite, je voulais être avocate ou business woman. Je me souviens d'une de mes professeurs qui me disait : « On ne dit pas business woman, Hapsatou ! On est en France ici, alors on dit chef d'entreprise ! » J'avais dit non. Moi, je ne veux pas conquérir la France, je veux conquérir le monde, donc je serai business woman ! Pour moi, c'était déjà la femme libre, la femme indépendante. La femme qu'on a envie de suivre et qui nous inspire de la puissance. Il fallait que je sois cette femme-là !

On me demande souvent quelles études j'ai faites : l'école de la vie. Après mon bac, j'ai commencé par étudier le secrétariat. Je me suis très vite rendu compte que je n'étais pas faite pour ça. Je voulais conquérir le monde, moi, il fallait que je fasse du commerce international. Mais j'ai ensuite atterri dans le milieu bancaire. Pas épanouie, là aussi. Je voulais faire plein de choses, mais je ne trouvais pas ma voie.

En revanche, ce qui était sûr, c'est qu'à aucun moment je me disais : ce que tu vas faire, là, ça ne sert à rien ! À chacune de mes expériences, j'ai rempli mon sac d'une petite pierre, d'un petit truc qui m'a fait avancer dans une direction. Bref, je me suis nourrie d'une expérience !

J'ai alors décidé de devenir entrepreneuse parce que, déjà, je me l'étais promis. Mais aussi parce que, pour moi, j'étais déjà entrepreneuse ! Être entrepreneuse, ce n'est pas monter une boîte. Être entrepreneuse, c'est décider, créer, être dans l'action. C'est être capable de prendre des décisions qui vont impacter de manière puissante, de manière radicale, sa vie et celles des autres par la même occasion...

J'ai alors fait le grand saut et j'ai monté mon business : mon premier salon de beauté.

Un jour, en cherchant le local de mes rêves sur Internet, j'en trouve un sur l'île Saint-Louis, à Paris. Je ne sais pas du tout où c'est. Je sais juste que mon agent immobilier de l'époque me dit : « Tu as des goûts de riches, toi ! »

Je crois à fond en mon projet, sur lequel je travaille depuis un an, parce que pour moi, c'est un dénouement. Alors, au début, je pense que tout le monde va se bousculer pour venir chez moi. Rien du tout ! Premier jour, personne. Deuxième jour, personne. Dixième jour, personne. J'ai mal au ventre.

Il faut savoir qu'à l'âge de 12 ans j'étais déjà indépendante. J'étais la gamine la plus riche du quartier, je gagnais ma vie grâce à des petits boulots, je finançais même les fournitures scolaires de mes frangins. Je n'ai jamais demandé 1 euro à mes parents – je les ai, au contraire, toujours aidés. Et à ce moment-là, je n'ai plus 1 euro pour m'acheter un sandwich ni même une bouteille d'eau. Tu as tout largué pour monter ça et il n'y a personne. LE GROS ÉCHEC !
Avec le recul, ça a été une super expérience parce qu'à ce moment-là, quand tu es au fond du trou, au bord du gouffre... tu n'as pas d'autre choix que de prendre des risques et trouver une solution !

Je rentre chez moi et je me mets à réfléchir. Le lendemain matin, j'appelle une copine : il nous faut cinquante filles, de toutes les origines, de toutes les morphologies, en tee-shirt blanc sur lequel on écrit le nom de ma marque : Ethnicia. On débarque chez Cathy Guetta avenue George-V, qui à l'époque a la boîte de nuit La Suite. Je regarde le vigile et lui dis avec aplomb : « J'ai rendez-vous avec Cathy Guetta, j'ai amené cinquante filles pour la fête. » Personne ne sait que je viens, je n'ai évidemment pas de rendez-vous et, miracle, Cathy Guetta apparaît à la porte : « Cathy, vous êtes entrepreneure comme moi, je démarre mon business beauté. On est là pour le faire connaître. Est-ce qu'on peut entrer chez vous ? » Elle nous ouvre les portes, elle nous installe en plein milieu de la boîte de nuit et je pose des flyers partout. Tout le monde croit qu'Ethnicia vient des États-Unis.
Mon salon commence à se remplir, et d'autres boîtes de nuit parisiennes nous appellent pour qu'on vienne aussi.
Ensuite, *Le Parisien* sort un article titré « Le premier salon de beauté "black blanc beur" a ouvert sur l'île Saint-Louis ». Mon salon affiche complet. Je ne sais plus où donner de la tête. Le téléphone n'arrête pas de sonner. Pour moi, c'est le début du succès, des dollars... mais aussi le début des galères.
D'abord, ça cartonne. J'ouvre un autre salon, puis deux. Je gagne le prix de l'innovation commerciale. On ne parle que de ça, partout. On fait même un reportage sur moi dans « Zone interdite ». C'est fou, je vis un truc complètement surréaliste !

Les gens de l'extérieur trouvent ça magnifique et moi, assez vite, je me retrouve un peu dans une prison dorée. Car je n'ai pas du tout appris à gérer un business et je ne suis pas bien entourée. Je commence à avoir des galères de recrutement, puis des galères de croissance, d'impayés. Je me tape les huissiers. Un le matin, un le soir et parfois même en même temps sur deux salons. Je cours partout.

En 2013, je vis le plus gros échec de ma vie : je prends la décision de tout arrêter. Je vais au tribunal pour transférer mon redressement judiciaire en liquidation. Je dépose donc le bilan. Et pourtant, je me sens bien. J'ai l'impression de me libérer d'un fardeau. Ma liquidation judiciaire est rendue publique et, quelques jours plus tard, un journaliste m'appelle pour rédiger un article sur mon échec. C'est une révélation ! Je dois raconter mes réussites comme mes échecs. Je le dois aux jeunes qui me suivent pour leur dire que c'est possible de tomber, mais que ce n'est pas grave ! J'accepte l'interview et arrive la première question : « Êtes-vous au fond du trou ? » Je réponds : « Non. » Moi, j'ai l'impression d'être libérée d'un truc. « Vous venez de déposer le bilan. Vous venez de perdre votre boîte. Vous êtes forcément au fond du trou ! dit-il. - J'ai une question à vous poser, lui dis-je. Une seule. Avez-vous déjà sauté en parachute ? » Il répond non. « Vous devriez ! »
Pourquoi ? Parce que quand vous décidez de monter une boîte, de vous reconvertir, ou de faire n'importe quel grand changement dans votre vie, vous décidez de sauter en parachute. Les gens vous regardent en disant : mais pourquoi tu prends tant de risques ? Il y a des sports tellement plus cool, pourquoi tu vas aller te jeter en l'air comme ça ?
Mais toi, tu veux y aller, tu veux le faire. Tu montes dans cet avion, tu rentres dans le tribunal de commerce, tu immatricules ta boîte et tu te dis : ça y est ! L'aventure commence !
Cet avion t'emmène à 4000 mètres d'altitude. Tu as mal au ventre. Ça fait presque plus peur que le saut tellement ça gigote dans tous les sens. Tu sens une instabilité assez dingue. Tu te demandes si tu as fait le bon choix. Cette phase de doute est obligatoire au moment du lancement de ton business. Tu vas quitter un certain confort. Tu as beau te projeter, tu ne sais pas ce qui va t'arriver.

La porte s'ouvre. Le vide est devant toi. Ça, c'est la prise de risque de chaque entrepreneur. Et c'est valable pour tout le monde, pour tout changement, quel qu'il soit.
Et là, tu fais le saut de ta vie. J'ai fait le saut de ma vie. C'était génial. En chute libre, tu trembles de partout, tu dis mon Dieu, mais qu'est-ce que j'ai fait ? Généralement, le parachutiste saute avec toi, parce qu'on saute en équipe. C'est toi et toutes les personnes qui ont suivi et porté ton projet. Parce que c'est quand même plus agréable de fêter ses succès avec son équipe plutôt que face à un miroir toute seule en se disant : « C'est génial, j'ai réussi ! »

Si la personne en tandem avec laquelle tu as sauté est sympa, elle te fait danser un peu, elle te fait faire une balade dans le ciel avant de toucher la terre ferme. Ça, ce sont les succès de l'entrepreneur. Ça, c'est le moment où tu atteins ton but, peu importe le temps que ça dure. Tu danses, tu oublies tout et tu es complètement stone. Tu es dans un truc génial. Il ne dure pas longtemps par rapport à tout ce que tu dois faire pour le vivre. Mais c'est tellement fou que, quand tu le vis, tu dois le vivre pleinement. C'est le fait de regarder le verre à moitié plein et d'apprécier ce que tu as rempli qui compte.

Et comme toute aventure, à un moment, il y a l'atterrissage. Soit il se fait en douceur, et tu repars, tu re-sautes, parce que tu as vraiment kiffé ! Parce que, oui, l'entrepreneuriat, c'est un saut en parachute perpétuel. À chaque idée, à chaque projet, on saute de nouveau. Soit tu te crashes ! Et là, moi, j'ai tapé le sol. Mais je l'ai tapé avec une telle rage que j'ai eu cette force de rebondir ! Je sentais au fond de moi que ce rebond allait m'emmener plus haut pour l'expérience suivante, et qu'elle serait peut-être même plus dingue ou plus folle encore.

Le journaliste me regarde : « Alors, vous allez faire quoi ? – Je repars, j'ai envie de recommencer ! » Parce que la vie, c'est ça. Et je veux ça. Cette courbe d'émotions complètement dingue où vous passez par des hauts, des bas. Des réussites et des échecs.
Voilà ce que je lui ai raconté ce jour-là et ce que j'aimerais vous dire. Que l'échec n'a pas la définition qu'on croit. L'échec, c'est celui qui s'est levé de sa chaise, qui a fait quelque chose qui n'a pas forcément marché... Est-ce qu'il est plus courageux et plus valorisé que celui qui reste assis en attendant que les choses arrivent ? La réponse est évidemment oui !

L'échec incarne le résultat d'une initiative, d'une volonté qui émane de soi. C'est génial !

Il faut requalifier ce qu'on appelle l'échec en « expérience ». On n'apprend pas sans tenter des choses. Encore une fois, c'est valable dans tous les domaines. Dans le business, dans la vie, dans l'histoire amoureuse... On vit une expérience qui nous fait quitter la terre ferme, planer dans les étoiles, puis on tombe, mais on rebondit toujours.
Il n'y a rien de plus ennuyeux que de vivre avec des regrets, que de repousser l'échéance de ses envies et de ne pas se réaliser.
J'ai rebondi, j'ai développé ma carrière à la télé, j'ai monté une marque de cosmétiques, je viens de créer une école. J'ai eu un bébé. J'ai connu l'amour de ma vie. Ça aussi, ce sont des aventures, des sauts incroyables. Parce qu'on parle toujours des projets pros, mais il y a aussi les projets perso.
Moi, je dis toujours que je mourrai comme Édith Piaf en disant « Je ne regrette rien ». C'est mon mantra ! ”

5. La théorie du pif

SUCCÈS = PLUSIEURS ÉCHECS

Ce n'est pas très mathématique tout ça et, pourtant, c'est bien la vérité. Mais il ne faudrait pas non plus que notre vie ne se résume qu'à être dans le marasme. Il faut bien avoir un peu de pif. Et c'est par ici que ça se passe.

De mon côté, ça fait huit ans que j'entends des phrases du genre : « tu as eu du pif », « du flair », « de l'instinct » ou encore « le nez fin ». Peu importe comment vous le nommez : il semblerait que j'aie eu de **l'intuition**. Ce truc peu définissable, non palpable, qui permet d'être là, au bon endroit, au bon moment.

De plus, podcasteuse à mes heures perdues, je reçois sur le podcast C'est qui la boss ? des femmes, principalement des entrepreneuses, de tous les horizons. Elles viennent raconter à mon micro leur parcours, leur histoire. Mais surtout, elles me livrent leurs meilleurs conseils pour suivre la bonne voie : celle de l'épanouissement personnel et professionnel. Bien plus que des leçons entrepreneuriales, ce sont en réalité des leçons de vie qu'elles m'enseignent.

À chaque fin d'épisode, je m'amuse à poser toujours la même question : « Avez-vous un dernier conseil à partager ? Quel est votre mot de la fin ? » Eh bien, figurez-vous que la réponse est souvent unanime. Et si je devais la reformuler, ça donnerait ça : **« Écoutez votre intuition, écoutez votre petite voix intérieure ! »**

Comment se fait-il que la grande majorité des entrepreneuses, si différentes soient-elles, aient toutes cette même réponse ? Un hasard ? Je ne crois pas. Il semblerait qu'elles aussi ont pas mal de pif et ont cette capacité à savoir comment l'identifier, le reconnaître et l'apprivoiser. Il ne faudrait quand même pas passer bêtement à côté !

Parole de boss

JULIE CHAPON

« Le meilleur conseil que je peux donner, c'est d'arrêter d'écouter les conseils !
Ou plutôt, il faut écouter les conseils, mais savoir prendre du recul pour écouter et suivre son intuition aussi. Pour la petite histoire, quand on a lancé Yuka, un entrepreneur de renom nous a dit : « Votre projet, dans le fond, il est génial ! Mais sur la forme, le fait de scanner des produits, oubliez ! Personne ne va passer du temps, pendant ses courses au supermarché, à scanner des produits. Ça ne marchera JAMAIS, pensez à autre chose. » Alors que nous, on avait l'intime conviction que scanner des produits, c'était ludique, avec un petit côté gaming. On a suivi notre intuition et, aujourd'hui, c'est en grande partie grâce au scan que notre application est utilisée par plus de 35 millions de personnes ! »

Pif ou pas pif ? Telle est la question

Une chose est sûre : du pif, on en a toutes. Si, si. Enfin, sauf si vous ne vous êtes jamais dit : « Je le savais » ou « J'en étais sûre », juste après la révélation d'une vérité. Si vous n'avez jamais éprouvé une forte « première impression » lors d'une rencontre. Ou encore si vous n'avez jamais eu le pressentiment que quelque chose allait arriver pile avant que ça arrive.

Eh bien, ça, c'est avoir du pif !

Il a été prouvé scientifiquement, selon plusieurs études, notamment celle du docteur Keiji Tanaka de l'institut des sciences du cerveau RIKEN, que le « pif » existe bel et bien. Il peut se manifester de différentes façons. Parfois, c'est une petite voix à l'intérieur de nous, parfois c'est une sensation physique. D'autres fois, c'est un flash, une image, un mot qui fait tilt. Ça peut même être simplement une certitude profonde.

Mais si l'intuition est plurielle, comment on fait pour la reconnaître ?

Bien que souvent appelée « sixième sens », l'intuition n'en est pas un. Les sens ont la particularité d'être liés à nos organes : les oreilles pour l'ouïe, le nez pour l'odorat, etc. Et si, finalement, on fait un petit abus de langage avec le « sixième sens », c'est que lui aussi pourrait être associé à un organe. Je propose d'ailleurs que ce soit le cœur, voire tout notre corps peut-être, mais certainement pas la tête ! Preuve en est la définition de l'« intuition ». Étymologiquement, ce mot vient du latin *intuitio*, qui signifie « acte de voir d'un seul coup d'œil ».

Dans intuition, il y a donc l'idée d'instantanéité.

Et l'intuition, c'est véritablement ça : laisser la place au direct ! Vous voyez cette fameuse première impression ? L'intuition ne repose sur aucune preuve, elle n'est le résultat d'aucun raisonnement. Tout son pouvoir réside justement en la capacité à obtenir des informations sans aucune réflexion (pour une fois qu'on nous motive à arrêter de réfléchir !). À l'inverse, le raisonnement consiste à organiser sa pensée de manière logique pour traiter des informations et aboutir à un résultat réfléchi.

Pour cultiver son pif, il faut donc arrêter de raisonner et de penser.

Objectif : apporter plus d'importance à ce que nous ressentons.

Ça tombe bien parce qu'il paraît que nous, les femmes, on a naturellement une propension à la ressentir, cette intuition. Sinon pourquoi parlerait-on **d'intuition féminine** ?

On ne va pas tomber dans le cliché de la binarité absolue, tout n'est pas qu'une question de genre. Il faut toutefois admettre que les femmes ont davantage tendance à être connectées à leur intuition que les hommes. Peut-être parce que la société les autorise plus à se connecter à leur sensibilité, ou à leur hypersensibilité émotionnelle... On ne va pas entrer dans le débat. Toujours est-il qu'en tant que femme, si on s'écoute un tantinet, on peut rapidement se connecter à notre intuition. Mais une question demeure : peut-on aiguiser notre capacité à percevoir notre intuition ? Comment se fait-il que toutes ces entrepreneuses semblent avoir le pouvoir d'entendre leur petite voix intérieure pendant que nous, on reste sourdes ?

L'intuition se développe, s'aiguise, s'entraîne ! Pour percer les mystères de cette connexion à notre intuition, je n'en suis pas restée là. Je me suis plongée dans le sujet, jusqu'à percer le secret de ces femmes. J'ai voulu, à nouveau, interviewer toutes les entrepreneuses qui ont suivi leur pif afin d'en tirer une méthode ! Voici donc ma théorie du pif !

La théorie du pif

1. Être curieuse

Pour établir une bonne connexion avec son pif, il faut déjà le nourrir. (Eh oui, c'est qu'il a besoin de force pour se manifester et se mettre en action !) Pour cela, il ne faut pas hésiter à être curieuse. Rester ouverte à ce qu'il se passe autour de nous, aller regarder, et toujours se questionner sur ce qui fonctionne. Cela va nous permettre d'anticiper des tendances, d'expérimenter de nouvelles choses et donc d'innover.

SARAH YAKAN

Parole de boss

« Développer son intuition passe par une grande ouverture d'esprit. Il faut s'intéresser aux autres. Voir ce qu'il se passe ailleurs, dans le monde.
Pour ma part, je n'ai rien inventé, je me suis inspirée, nourrie de tout ce que j'ai vu, et je l'ai mélangé à moi. À ce que je suis, à ce que j'aime, à ce que je ressens et à mon lieu de vie. Étant donné que tu es unique et que tu vis dans un environnement différent, ça va forcément créer quelque chose de nouveau et qui n'existe pas. Tu mélanges un peu tout ce que tu as vu et tu y mets ta touche. Ce sont les mélanges, les connexions, qui font les plus beaux projets. »

2. S'écouter

La deuxième étape, et sans aucun doute la plus importante : s'écouter. Pour s'écouter, il faut croire davantage en ce que nous ressentons plutôt qu'en nos pensées. Suivons notre cœur et pas notre esprit !
Quand j'ai posé à toutes ces entrepreneuses la question « Quand votre intuition se manifeste-t-elle ? » ou encore « Que faites-vous pour être vraiment connectée avec votre intuition ? », les réponses étaient multiples : « Ça me venait surtout sous la douche », « C'est en étant au calme que j'ai eu les meilleures idées », « En faisant du yoga/de la méditation », « En faisant du sport », « Lors d'une balade », « Pendant mes courses », etc. À force de les écouter, je me suis dit que j'étais plutôt mal barrée pour élaborer ma théorie du pif.
Mais j'ai ensuite compris que leurs réponses avaient toutes un dénominateur commun : **le lâcher-prise**.

Vous savez, ce fameux truc qu'on vous rabâche dès lors que vous avez une montée de stress. Tu t'en fais pour ton boulot ? Pas grave : « C'est qu'un job, faut lâcher prise ! » J'ai longtemps détesté cette expression, tant elle m'a fait culpabiliser. C'était encore moi la coupable si, parfois, ma passion prenait le pas sur la raison. J'étais trop investie. Alors loin de moi l'envie de vous dire de lâcher prise, d'arrêter de vous inquiéter et tout le tralala. MAIS il est une réalité : il faut quand même se forcer à déconnecter. Quand on arrête de réfléchir, d'analyser, de surinterpréter, c'est là que nous viennent les bonnes idées. Tout ce temps, j'avais mal interprété ces deux mots :

Il ne faut pas lâcher prise pour mettre de côté nos sentiments. Il faut lâcher prise pour mieux qu'ils nous parlent et nous guident !

KELLY MASSOL

Parole de boss

« Dès que je n'ai pas suivi mon intuition, j'ai merdé, c'est aussi simple que ça !
Ce n'est pas grave si tu ne suis pas le plan. Déjà celui que les gens ou la société te donnent, mais aussi ton propre plan ! Tu as le droit de partir dans tous les sens si tu en as besoin. Moi aussi, à un moment donné, je suivais un plan et, finalement, je m'ennuyais.
J'ai alors suivi mon instinct. Avec lui, c'est toujours un moment, un instant, et ça m'a toujours porté chance ! Après, c'est sûr, il n'y a pas que de la chance, il y a aussi la manière dont tu absorbes l'énergie des gens, comment tu intègres ce qu'ils te disent et le temps nécessaire pour atteindre une certaine maturité aussi. Et quand tu y vas, il ne faut pas y aller à moitié, il faut y aller vite et à fond ! C'est d'ailleurs en écoutant rapidement mon instinct que je fais évoluer mon entreprise. »

3. Agir vite (très vite) !

Pour fonctionner, la théorie du pif requiert une seconde phase. Ressentir son pif, c'est bien, le suivre, c'est mieux ! Pour suivre votre instinct, mesdames, il faut agir ! Ça, les merveilleuses femmes entrepreneuses que j'ai interviewées me l'ont confirmé. Lorsque je leur ai demandé : « Que faites-vous, une fois que vous avez ressenti votre intuition en vous ? » Bingo ! Elles m'ont toutes répondu exactement la même chose : elles y sont allées à fond. Surtout, sans trop se poser de questions !

De leur témoignage, je retiens donc une chose : suivre son intuition, c'est agir vite. Plus rapide que Buzz l'Éclair, il faut devenir la Lucky Luke du pif ! Et je peux même vous donner un chiffre exact : il faudrait agir en moins de cinq secondes. Vous allez me dire : « Pourquoi cinq secondes ? » « Elle le sort d'où, son chiffre là ? » Eh bien du livre *La Règle des 5 secondes* (Éditions Leduc, 2018) de Mel Robbins. Mel Robbins, en deux mots, est une animatrice et coach de motivation. Véritable boss, son livre est rapidement devenu un best-seller qui a changé la vie de plus de 20 millions de personnes. Sa méthode ? Elle est plutôt simple et je vous l'explique.

Selon elle, il faudrait suivre nos intuitions dans les cinq secondes après qu'elles se font sentir. Ce conseil est loin d'être farfelu. Cinq secondes, c'est tout juste le temps nécessaire avant que le cerveau ne mette en route ses pensées contradictoires (les croyances limitantes et tout le package qui nous coupent l'herbe sous le pied). L'idée, c'est que, cette fois, nous allons les arrêter !

Selon l'auteure, ce court moment de flottement cognitif doit être utilisé pour agir. On l'a vu, tout changement implique des choix difficiles qui, souvent, nous effraient.

Alors pour faire taire peurs et angoisses, il faut se mettre en action, pour ne pas passer à côté de ce que votre pif vous a murmuré.

Parole de boss

LAURY THILLEMAN

« Moins tu oseras agir vite, plus les obstacles grandiront devant toi. Personne ne tracera ton chemin à ta place, car tu es la maîtresse de ta vie. Alors ne réfléchis pas trop, fais-toi confiance, crois en ton instinct, il aura toujours la bonne réponse et, surtout, vis les choses avec le cœur ! »

4. Analyser

Maintenant que vous savez comment stimuler votre pif, vous vous demandez peut-être pourquoi il faudrait suivre le bout de son nez. Après tout, ne risque-t-on pas de faire une énorme erreur ? C'est toute la question de ce chapitre, et je ne peux pas vous garantir le plein succès. En tout cas, peut-être pas celui auquel vous vous attendez.

Aucune des entrepreneuses que je vous ai présentées n'a eu, à un moment donné, la certitude que son pif flairait la bonne piste ! Pour savoir qu'elles faisaient bonne route, elles ont dû analyser et réfléchir un tantinet. Le nez, c'est comme la créativité : il faut, à un moment donné, se poser, débriefer, constater et analyser. Objectif : faire le point sur les résultats de nos actions menées par instinct !

J'aime bien dire que suivre son pif, c'est comme démarrer un scooter : l'intuition, c'est le coup de starter, mais à nous de piloter, de guider notre direction.

Et qu'on se le dise, « il vaut mieux vivre avec des remords qu'avec des regrets ». Nous connaissons toute cette célèbre phrase d'Oscar Wilde, reprise par Patrick Bruel dans sa chanson *Place des grands hommes*. Elle résonne tout particulièrement en moi. Les seules choses que j'ai regrettées, que ce soit dans ma vie pro ou dans ma vie perso, sont celles que je n'ai pas faites ou tentées, alors même que j'avais cette « certitude » en moi.

Beaucoup de personnes, bienveillantes ou non, sont susceptibles de nous influencer. Inconsciemment ou non, elles pourront alors faire taire notre petite voix intérieure. Parfois, c'est pour bien faire : la plupart des gens partagent leur expérience afin d'éviter aux autres de faire les mêmes erreurs. Et si s'enrichir des expériences des autres est évidemment une chance qu'il faut saisir, il vaut mieux parfois suivre son pif ! Quitte à faire des erreurs, autant que ce soient les siennes.

Votre pif ne vous mènera pas toujours sur la bonne voie, ni même là où nous voulez aller. Mais, croyez-moi, il vous mènera toujours là où vous avez BESOIN d'aller. Et ça, c'est toute la différence. Celle qui mène sur la route de son épanouissement personnel et professionnel.

**Alors, croyez en votre pif, en vos rêves,
et voici un petit distributeur de punchlines pour toutes celles
et ceux qui tenteraient de les faire taire !**

DISTRIBUTEUR DE Punchlines contre les brise-rêves

Tu n'arriveras jamais à avoir ce poste, tu es une femme.
Le genre n'est pas synonyme de performance, la preuve.

Ça fait plaisir de voir une femme qui entreprend !
Breaking news, je sais aussi lire, écrire et compter !
On n'arrête pas le progrès, hein !

Mais elle existe déjà, ton idée !
Le premier essai, c'est souvent le brouillon, le deuxième, c'est le chef-d'œuvre !

J'ai du mal à croire en ton projet.
Tu as bien cru à la petite souris pendant sept ans, non ?

Tu vas galérer pour trouver des fonds.
C'est sûr que si je gagnais un billet chaque fois que tu l'ouvres, je serais déjà millionnaire.

Je ne pense pas que tu aies fait le bon choix…
Je ne me souviens pas de t'avoir demandé ton avis, si ?

Tu vises trop haut ! Laisse tomber, ce n'est pas pour toi.
Vu la taille de ton ambition, c'est sûr que tout sera toujours trop haut pour toi dans la vie !

NE T'EXCUSE JAMAIS D'ÊTRE UNE FEMME FORTE ET AMBITIEUSE. BEAUCOUP TE CRITIQUERONT MAIS PEU T'AFFRONTERONT !

6. Queen de la procrastination : et alors ?

NE CULPABILISONS PAS D'ÊTRE LE GENRE DE REINE À VOULOIR SE REPOSER, SE RELAXER ET REPOUSSER POUR MIEUX RÉGNER.

Pour trouver sa passion, entamer sa reconversion, en finir avec le syndrome de l'imposteur, rebondir après un échec et suivre son intuition, il n'y a pas de secret : il faut être active, en mouvement, pour bâtir son empire.

Mais il faut l'avouer, il y a deux styles de queen dans la vie : celles du matin, qui se lèvent à 6 heures pétantes pour affronter toutes les aventures de leur vie à mille à l'heure. Et il y a les autres, celles qui ont besoin de réveils à répétition pour réussir à sortir un seul petit orteil de leur lit. Pour une fois, je fais plutôt partie du premier groupe ! En bon sujet, chaque matin, je saute du lit, prête à en découdre.

Le roi Martin Luther King disait, lors de son légendaire discours prononcé au Spelman College en 1960 : « Si vous ne pouvez pas voler, alors courez. Si vous ne pouvez pas courir, alors marchez. Si vous ne pouvez pas marcher, alors rampez, mais quoi que vous fassiez, vous devez continuer d'avancer. »

Je suis 100 % alignée sur ses paroles. Moi aussi, *I have a dream* : celui d'avoir une carrière épanouissante, et donc de mettre tout en œuvre pour y arriver !

Telle une véritable obsession, il fallait que chaque minute de ma journée soit productive. Résultat : je faisais mille trucs en même temps pour combler chaque instant. Je me maquillais et me coiffais en écoutant un podcast, mes trajets en voiture étaient consacrés à passer mes appels, mes pauses déjeuner se faisaient toujours devant mon ordinateur. Bref, une motivation et une productivité sans failles, à faire pâlir d'envie une patronne du CAC 40.

Pourtant, pendant ce temps, mon corps et ma tête n'avaient qu'une envie : oublier cette to-do list longue comme mon bras, être affalés chez moi et descendre cul sec tout le catalogue Netflix. Était-ce vraiment si mal de procrastiner et de remettre certaines choses au lendemain au lieu de les faire le jour même ? La réponse est non. Il faut évidemment préserver notre santé mentale et physique ! C'est tout l'objet de ce chapitre.

Abolition de la procrastination : pour quoi faire ?

Dans un TED absolument génial (« Inside the mind of a master procastinator », 2016), que je vous conseille de regarder, le blogueur Tim Urban, procrastinateur invétéré devenu expert en la matière, nous partage ce qui, selon lui, se passe dans le cerveau de tout bon procrastinateur.

Alors que toute personne « normale » aurait tendance à anticiper les tâches quotidiennes à accomplir, dans l'objectif de réaliser un projet, le procrastinateur, lui, serait distrait par un « petit singe » rusé, celui qui vous dit de scroller inlassablement sur TikTok plutôt que de faire ce que l'on a à faire. Oui, oui, je vois que vous le connaissez bien.

Mais quand vient l'heure fatidique, le moment tant (ou non) attendu des derniers jours avant la date limite, BIM ! Un grand « Monstre Panique » fait son apparition ! Il débarque avec ses grandes pattes dans la salle des machines qu'est notre cerveau, reprend le contrôle des opérations, chasse le petit singe malicieux et nous remet au travail. C'est ce que Tim Urban appelle le « système du procrastinateur ».

Cette histoire de monstre et de singe reflète parfaitement la mécanique comportementale du « procrastinateur ». C'est même une métaphore qui illustre toute son ambivalence : on se sent incapable d'écrire ne serait-ce que quelques lignes d'un mémoire durant des mois entiers, et soudain, on devient miraculeusement super-productif, dès que nous n'avons plus le choix. Avouons que, à un moment ou un autre, on a toutes fait ça. Si, si, rappelez-vous vos exposés de lycée ! Et finalement, ça marche !

Vous avez bien envoyé votre compte-rendu à votre boss (à minuit moins une !).

Vous avez bien payé les frais de scolarité (la veille de la rentrée).

Vous avez bien pris rendez-vous chez le pédiatre pour le vaccin du douzième mois (le seizième mois)...

Bon, plus ou moins, certes, selon les cas. Mais on doit bien avouer qu'à la fin le job est fait. Alors quoi ? On nous aurait menti ? Mais pourquoi nous avoir rabâché, pendant des années, qu'il ne fallait pas procrastiner ? Parce que c'est plus subtil que cela ! Selon notre cher ami Tim, il existe deux types de procrastinations : celles qui ont une date de péremption (la date de rendu d'un devoir, par exemple) et celles qui n'en ont pas, en tout cas pas de concrètes, comme... LA VIE !

QUAND IL Y A UNE ÉCHÉANCE, LA MÉCANIQUE DU PROCRASTINATEUR PEUT SE METTRE EN ROUTE GRÂCE AU FAMEUX MONSTRE PANIQUE.

Quand il y a une échéance, la mécanique du procrastinateur peut se mettre en route grâce au fameux Monstre Panique, qui s'active dès que l'aiguille s'approche dangereusement de l'heure fatidique. En revanche, pour toutes les tâches qui n'ont pas de date de fin, ce mécanisme ne fonctionne plus. Monstre Panique n'a pas de raison de se réveiller. Il dort bien profondément au fond de son lit. Et c'est là que le problème réside.

Les choses les plus importantes dans notre vie, comme la famille, nos amis ou encore notre santé mentale et physique, n'ont pas d'échéances concrètes. Si on compte sur le réveil de Monstre Panique pour agir, on peut toujours se brosser. Sans lui, nous ne passerons peut-être jamais à l'action et laisserons de côté les choses que nous aurions aimé réaliser.

Là, précisément, réside le danger de se laisser emporter par la spirale de la procrastination à long terme. Finalement, c'est notre vie entière qu'on pourrait remettre à demain...

Bon, dit comme ça, c'est clair que ça fait un peu peur. Mais en réalité, nous sommes toutes des procrastinatrices ! Que vous soyez amie-amie avec les échéances ou procrastinatrice invétérée, il y a forcément quelque chose que vous remettez au lendemain (votre envie de vous remettre à la guitare, votre rêve absolu de faire le tour du monde ou le simple souhait de voir plus souvent votre reine mère, votre mamie).

Les 5 étapes de la procastination

1.Le déni : repousser
la tâche à demain

2.L'évitement : phase de chill
et de procastination

3.La culpabilité : on se met en action
mais on fait toutes les autres tâches
hormis la plus importante

4.L'urgence : se rendre
compte de l'heure

5.Le last minute :
travailler dans la panique

Alors j'ai concocté, pour vous, cinq décrets royaux, afin que vous deveniez la reine de la procrastination maîtrisée, grâce aux précieux conseils de la boss de Respire, Justine Hutteau. Ainsi, trouver le juste milieu entre procrastination et motivation n'aura plus de secret pour vous.

LES 5 DÉCRETS ROYAUX POUR ÊTRE LA REINE DE LA PROCRASTINATION MAÎTRISÉE

Décret 01

Fixer des objectifs pour construire son royaume

Diviser les missions pour mieux régner, voilà une stratégie à ne pas laisser de côté ! Si le cumul des tâches à accomplir peut vite nous faire déguerpir, alors organiser tout cela en petites listes rend la chose bien plus sympathique.
De plus, à chaque étape passée, notre satisfaction est boostée et le plaisir procuré par le fait de rayer une ligne de la to-do nous motive plus que jamais pour continuer !
Ça, c'est pour la théorie. Maintenant, place à la pratique ! Comment fait-on pour organiser toutes les missions vouées à nous mener vers notre destinée ?

Posez-vous simplement ces trois questions :

1. Pour atteindre mes grands objectifs, par quelles étapes dois-je passer ?
2. Pour passer ces étapes, quelles sont les tâches que je dois remplir ?
3. Pour terminer la première de ces tâches, quelle est la plus petite sous-tâche que je peux faire maintenant ?

Ensuite, il faut les organiser pour leur attribuer des dates limites. On commence par celles utiles pour atteindre notre objectif, car ce sont elles qui, bien souvent, demandent le plus de temps et de motivation. Avoir une ligne directrice permet également d'éviter toutes les autres petites tâches et sollicitations qui viendraient nous éloigner de notre finalité.
N'oubliez pas que votre projet (quel qu'il soit), dans sa globalité, doit lui aussi avoir une échéance. Croyez-moi, visualiser la ligne d'arrivée incite le plus souvent à travailler de manière efficace et optimisée. Souvenez-vous du Monstre Panique : sans échéance, il ne se réveille pas pour nous motiver. Lui mettre un réveil est donc indispensable à la bonne concrétisation de notre empire.

Savoir comment dire non, on l'a déjà vu ensemble dans le premier chapitre, donc maintenant, ça n'a plus de secret pour vous !

JUSTINE HUTTEAU

« J'ai découvert le métier d'entrepreneuse quand je me suis lancée, et j'ai très rapidement constaté qu'il faut faire mille choses à la fois, qu'on est sollicitée de partout, et qu'on peut passer des journées entières à courir de rendez-vous en rendez-vous si on ne pose pas de limites. C'est pareil pour beaucoup d'autres métiers que l'entrepreneuriat, d'ailleurs.
Il y a une chose que j'ai dû apprendre et qui a été hyper dur à développer : apprendre à dire non. C'est vraiment important.
Quand on est ambitieuse, on se fixe souvent des objectifs à court terme, pour atteindre son but, sa vision à long terme. Il faut alors être capable de voir toutes les demandes entrantes et de se demander : « Si j'accepte cette proposition, va-t-elle nourrir mon objectif et me permettre de l'atteindre ? » Si ce n'est pas le cas, alors il faut se poser la question du « non ».
Il faut évidemment aussi penser au bien-être que cette proposition peut nous apporter et à la satisfaction qu'elle peut procurer. Mais si on accepte tout, on peut vite se sentir submergée et frôler le burn-out. Et il vaut mieux oser dire non que de ne pas répondre.
C'est difficile, mais les gens peuvent comprendre, vous verrez. Ils peuvent comprendre qu'il n'y a que vingt-quatre heures dans une journée. Que vous avez aussi besoin de vos moments perso. Ils peuvent entendre : C'est pas que je ne veux pas t'aider, c'est juste que je ne peux pas ! »

LES 5 DÉCRETS ROYAUX

Décret 02

S'auto-conférer la gestion de son emploi du temps

Petit tip que j'ai appris, un peu trop tard certes, mais qui a changé ma vie : **ajustez votre emploi du temps à ce que vous êtes** (oui, c'est presque comme le « venez comme vous êtes » de McDo).
Ça veut dire quoi, « ajuster son emploi du temps à soi » ? La gestion de notre énergie est souvent plus efficace que la gestion de notre temps. Le temps est limité, l'énergie est modulable. Ainsi, il est primordial de placer les tâches qui consomment le plus d'énergie dans les moments où vous en avez le plus.

La logique est simple comme bonjour : si vous êtes plutôt du matin, placez les tâches les plus dures ou importantes à ce moment-là de la journée. Inversement, si vous êtes plus efficace l'après-midi ou le soir !

Bonne raison n° 1 de faire ça : les journées sont bien plus supportables.
(Très) bonne raison n° 2 : cela permet de connaître les créneaux où on est le moins efficiente et de s'offrir quelques moments de procrastination mérités. Et ça, c'est top pour éprouver zéro culpabilité !

**Nous ne sommes pas des machines,
nous avons besoin de procrastination maîtrisée !**

JUSTINE HUTTEAU

Parole de boss

« Un autre petit conseil : organiser son agenda.
Dans le mien, par exemple, je me suis alloué des plages horaires pour effectuer certaines tâches. J'évite ainsi de passer d'un sujet à un autre et du coup de perdre du temps. Car quand tu effectues la même tâche, tu deviens plus « mécanique ». Cela te permet d'être plus efficace et donc d'aller plus vite.
Dans ces plages horaires allouées, je fais aussi en sorte de répondre aux besoins de mes équipes. Ce sont des moments où je suis disponible pour répondre à toutes leurs questions. Par exemple : mon équipe sait que, tous les mardis après-midi, je suis disponible pour créer du contenu ensemble. Et elle sait qu'elle ne peut pas me solliciter à d'autres moments de la semaine pour en créer.
Cela m'a beaucoup aidée pour éviter d'être sollicitée dans tous les sens. Je suis plus concentrée et donc plus productive. Pareil quand j'organise mes rendez-vous, j'essaie de tous les caser dans une même journée, plutôt que de perdre du temps à faire des allers-retours bureaux/rdv. »

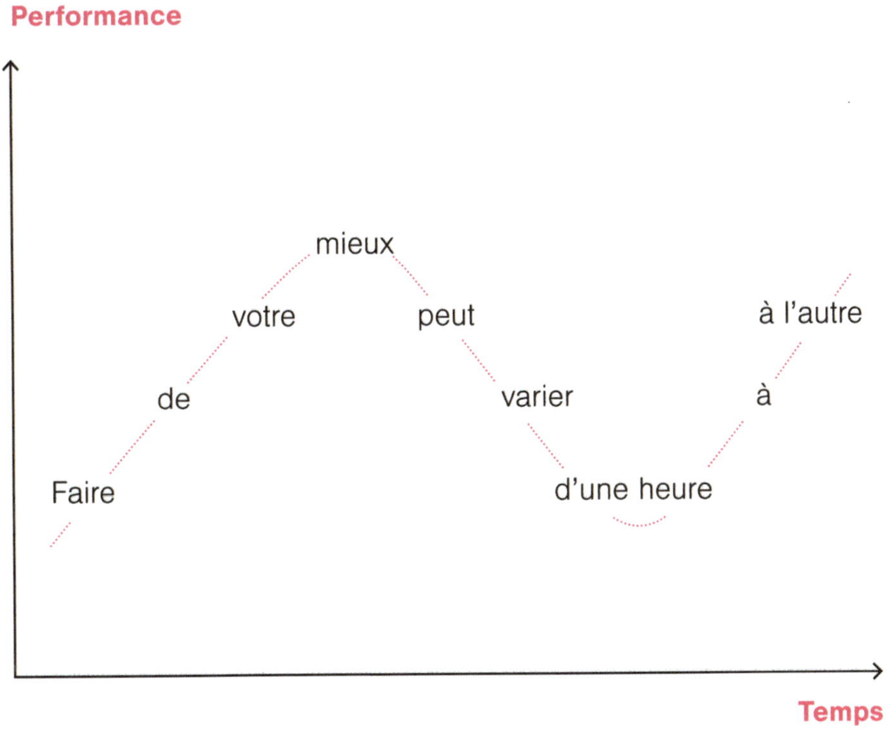

LES 5 DÉCRETS ROYAUX

Décret 03
Établir des relations diplomatiques avec Netflix, Amazon Prime et W9

Vous avez juste envie d'être affalée sur votre canapé, à chiller devant une émission de téléréalité ? Pas de problème, Queen P !
Regarder Loana pécho Jean-Édouard du « Loft » ou, plus récemment, Maeva pécho Bebew dans « Les Marseillais » : CE N'EST PAS GRAVE. Si, si, je vous le jure ! Et vous savez pourquoi ? Parce que, oui, je le dis et le déclame : même « Les Marseillais », ça peut booster notre créativité. C'est ce que j'appelle **la procrastination créative !**

On croit souvent que la créativité est un don. Moi, je crois que **la créativité est une compétence.** Et qui dit compétence dit quelque chose qui s'apprend, se cultive, se stimule, se développe. Ainsi, tout ce qui nous entoure peut booster notre créativité, et plus encore : il faut apprendre à savoir tirer de la créativité de tout, comme il faut savoir tirer leçon de toute chose (c'était le petit point mantra). Il faut alors enfiler ce que j'appelle nos « lunettes de boss » pour voir la vie d'une autre façon et découvrir ce qui est inspirant. Finalement, c'est un peu comme voir le verre à moitié vide ou à moitié plein, mais en plus sexy, non ?

Reprenons notre exemple avec « Les Marseillais ». Sans vos lunettes de boss, vous verrez certainement des personnages, plus ou moins loufoques, qui amusent la cour et manient la langue de Molière à leur manière. Jusque-là, rien de transcendant. Mais lorsque vous enfilez vos lunettes de boss, vous voyez surtout comment le marketing autour de chaque personnage est pensé. Comment chaque épisode est construit pour générer toujours plus d'engouement. Comment un rien peut créer du suspense et comment chaque émission donne envie de regarder la suivante. Bref, autant d'apprentissages, de mécanismes, d'idées que vous pourrez peut-être utiliser dans votre métier, ou le prochain !

JUSTINE HUTTEAU

Parole de boss

« Un autre conseil que je donne souvent, c'est d'apprendre à bien se connaître. Quand on sait ça, on sait comment faire pour bien se ressourcer aussi.
Par exemple, je suis quelqu'un de très extravertie, très empathique. Ça veut dire que je me nourris de l'énergie des autres. Donc ma manière à moi de me ressourcer, c'est de sortir, de rencontrer des personnes, d'échanger...
À l'inverse, mon associé, qui est assez introverti, a régulièrement besoin de se retrouver seul et de prendre du temps pour lui.
Bien se connaître, cela permet aussi de connaître ses forces et ses faiblesses et ainsi de capitaliser sur ce que l'on sait faire, pour donner de la valeur à ce que l'on fait, à notre projet. »

Ce qui, je pense, me rend plus productive

Ce qui me rend réellement plus productive

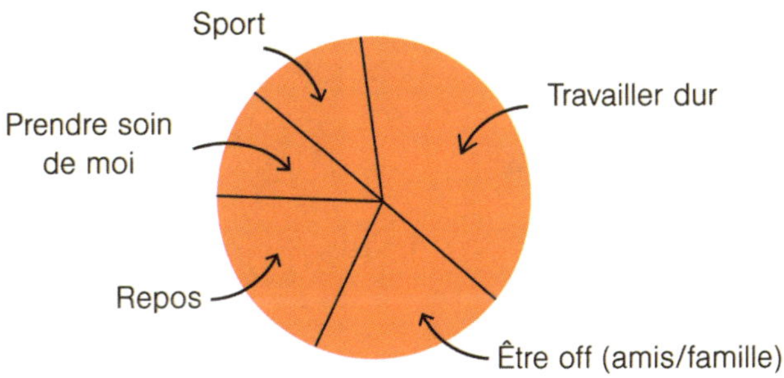

LES 5 DÉCRETS ROYAUX

Décret 04
Conquérir la créativité

Si vous voulez un petit secret : **la créativité passe beaucoup par l'observation.** Changer d'environnement, aller se balader ou même simplement aller chez le boucher peut être une occasion de croiser la créativité ! Plus on multiplie nos horizons, plus on croise d'inspirations.

Alors, si vous renoncez souvent à partir quelques jours en vacances, que vous avez tendance à croire qu'en restant la tête dans le guidon vous serez toujours mieux raccrochée aux wagons, c'est FAUX ! En changeant d'environnement, nos yeux peuvent s'accrocher à quelque chose de nouveau. C'est là que, généralement, les meilleures idées surviennent. Alors sautez dans votre carrosse et filez vers de nouvelles aventures. En somme, la procrastination a du bon, si on la considère comme un plein moment de créativité.

Les bonnes choses prennent du temps...

Le fait qu'elles n'arrivent pas rapidement...

ne signifie pas...

que cela n'arrivera jamais !

JUSTINE HUTTEAU

Parole de boss

« Développer sa créativité, c'est très dur ! Quand on a lancé Respire, je me suis dit : « Je veux être le Michel et Augustin de la cosmétique. » Je veux casser les codes dans la manière de communiquer, je veux être hyper transparente, je ne veux pas parler uniquement du produit, je veux aller au-delà ! Je veux que les utilisateurs ouvrent leurs réseaux sociaux en disant : « Wahou, Respire a encore frappé ! » Je vis pour ça ! Je me réveille chaque matin pour ça.

Mais en réalité, c'est très dur. Après trois ans, j'avais l'impression d'avoir déjà mis en place toutes mes idées. Et je me suis rendu compte que la créativité revenait quand je faisais du sport. Un moment où mon esprit n'est pas sollicité, où il n'est pollué par absolument rien du tout, donc il s'évade, divague, il part ailleurs et me rapporte plein d'idées neuves, un besoin immense de construire des choses. Je recommande vraiment de sortir, de marcher, de voyager, de s'aérer l'esprit...

Être sur son téléphone, sur les réseaux sociaux, peut aussi aider à booster sa créativité. Il faut juste identifier les bons comptes, ceux qui apportent des idées créatives que l'on peut ensuite s'approprier ou ceux qui donnent de nouvelles perspectives sur son chemin de pensées créatif. »

LES 5 DÉCRETS ROYAUX

Décret 05
Rester son joyau le plus précieux

On l'a dit, répété, re-re-répété : avoir envie de ne rien faire, ce n'est pas grave. La première de nos préoccupations est, et doit être, de savoir s'écouter et de savoir écouter son corps. Restez en alerte quant aux signaux d'épuisement et n'oubliez JAMAIS : vous êtes votre priorité, vous êtes LA chose la plus précieuse que vous ayez. **Si vous ne prenez pas soin de vous, vous ne pourrez pas assurer votre règne.**

Pas de place pour l'ultraculpabilité : vous êtes une reine ! Et accessoirement, vous autoriser à ne rien faire, c'est aussi l'occasion de recharger les batteries. Vous en avez besoin et vous le méritez !

Vous n'avez certainement pas à sacrifier votre temps de repos et ne devez en aucun cas chercher à le combler absolument. Laissez-vous le droit de vous ennuyer ou de vous chouchouter.

On garde toutefois en tête que la procrastination, c'est bien, avec modération ! Si elle dure trop longtemps, elle ne sera plus bénéfique et vous entraînera peut-être même dans sa spirale infernale. Méfiance donc, si vous n'arrivez pas à redémarrer, et surtout si vous n'avez plus goût à rien : c'est peut-être les premiers signes d'un burn-out ou d'une dépression. Dans ce cas-là, pensez à vous faire accompagner.

Prendre soin de soi

Prendre soin de soi, aussi

JUSTINE HUTTEAU

Parole de boss

« J'ai donné beaucoup de conseils pour mieux s'organiser, mais il ne faut surtout pas oublier de prendre soin de soi, de sa santé mentale et physique.
La réalité, c'est que j'ai frôlé le burn-out il y a quelques mois, et j'ai encore du mal à en parler. J'ai eu quatre côtes cassées, qui sont en réalité des fractures de fatigue. J'acceptais beaucoup trop de choses, je faisais mille trucs à la fois et je ne prenais pas de temps pour moi. Résultat, je stressais beaucoup, je me crispais et je me craquais les côtes… Et j'ai fini par me les casser. Ma radiologue était assez choquée, elle m'a dit : « Même un rugbyman qui vous rentre dedans ne vous casse pas quatre cotes. » J'ai touché du doigt le burn-out et mon corps était en train de lâcher. Mon physique a craqué avant mon mental. J'aimerais vous dire qu'il faut s'écouter, mais c'est plus facile à dire qu'à faire. Je n'ai pas su le faire. Mais j'ai appris de cette erreur.
Il ne faut pas hésiter à prendre du temps pour soi, et surtout, ne laisser personne vous imposer un rythme. »

Sur ce dernier décret énoncé, jouez hautbois, résonnez musettes ! La reine de la procrastination maîtrisée est née !

7. Parlons CA$H !

QUE SERAIT UNE REINE SANS UN PEU D'OSEILLE POUR CONSTRUIRE SON EMPIRE ?

M*oney, Money, Money*, *La Thune*, *elle est où la moulaga ?*, *Claquer du biffff*... De ABBA à Booba en passant par Heuss l'Enfoiré ou Angèle, elles sont nombreuses, les chansons qui parlent Ca$h !

Pourtant, paradoxalement, dans notre société, le sujet est tabou, d'autant plus quand on est une femme. Problème résolument français : nous avons honte de parler d'argent, pire... d'en gagner. Bref, le fric, c'est loin d'être chic. Mais je vous rassure, ce n'est pas 100 % notre faute.

Héritage du passé, stéréotypes genrés, passons aux règlements de comptes

Femmes et oseille : les inégalités, ça date.

L'argent des femmes a longtemps été contrôlé par les hommes. Jusqu'en 1907, le salaire des femmes était versé directement à leur mari et elles ne pouvaient pas ouvrir un compte en banque à leur propre nom jusqu'en 1965. Bref, nous avons été éduquées pour ne pas nous y intéresser...

Les inégalités, ça commence tôt, dès le berceau, ou presque. Selon une enquête publiée par la néo-banque Pixpay, les filles touchent en moyenne 4 € d'argent de poche mensuel en moins que les garçons. Un sexisme de tirelire. Si la différence peut paraître a priori minime, elle est tout de même de 48 € sur une année complète. L'écart se creuse avec l'âge, pour atteindre 4,60 € mensuels chez les 14-16 ans, et 10,23 € chez les 16-18 ans. Des inégalités réelles et grandissantes pour les jeunes filles qui deviennent femmes.

Côté marché du travail, comment dire... C'est pire. Le fossé est loin d'être comblé. Les femmes ne perçoivent toujours que 75 % du salaire de leur homologue masculin pour un même poste. Et selon le rapport de 2021 du Forum économique mondial, il faudrait encore cent trente-deux ans pour réduire les inégalités de revenus entre les hommes et les femmes à l'échelle mondiale.

L'addition, s'il vous plaît !

Résultat : les femmes et l'argent, c'est loin d'être une relation en or. Ce lourd héritage nous confine au silence, comme le souligne Lucile Quillet, experte en condition féminine et auteure du livre *Le Prix à payer. Ce que le couple hétéro coûte aux femmes* (Les Liens qui libèrent, 2021). Dans sa tribune pour le site de recrutement Welcome to the Jungle, elle souligne ceci : « Au-delà de tous ces chiffres statistiques et rationnels, il y a un constat imparable, un tabou ultime : les femmes ne parlent pas, ou rarement, d'argent. C'est un sujet invisible, interdit, dangereux, où il y aurait toujours plus à perdre qu'à gagner. [...] Son rôle est de donner : la vie, du temps, de l'attention, de soi, du care. L'argent, son caractère immoral et individualiste, dangereux et excitant, ne colle pas au féminin. »

Bref, niveau indépendance financière : la note est bien salée !

Parole de boss

LOUISE AUBERY

« Les sujets d'argent sont évidemment très genrés, mais je pense que c'est avant tout culturel. En France, tu n'as pas trop le droit de gagner beaucoup d'argent, il faut le cacher. Personnellement, l'argent n'est pas un moteur. Ce que j'aime, c'est créer. Mais ce que je fais maintenant me permet de gagner de l'argent et j'essaie désormais de ne pas m'en excuser !

Il y a quelques semaines, une femme a sonné chez moi, elle venait d'une agence immobilière : « Bonjour, vos parents louent ou ont acheté votre appartement ? » Je lui ai répondu : « JE L'AI ACHETÉ ! » Je n'essaie plus de voir le fait de gagner de l'argent comme quelque chose dont on doit avoir honte. »

Pas de panique. Comme nous sommes ici pour mettre un revers à toutes ces inégalités, je vous propose un plan d'investissement pas comme les autres. Un placement financier bien pensé, au bon endroit, 100 % garanti et qui rapporte les meilleurs rendements. Vous me suivez ?

Arrêtons avec la dépréciation de l'argent

Nous avons le droit de vouloir gagner de l'argent. L'argent n'est pas et ne devrait pas être tabou. Vouloir en gagner ne fait pas de nous des femmes vénales et matérialistes. Nous avons le droit d'être payées à notre juste valeur. Vous l'avez compris, si on veut être une machine à cash, il va déjà falloir changer notre vision de l'argent.

Pour cela, rien de mieux qu'une bonne dose de « cash inspiration » ! C'est le moment de nous tourner du côté de nos copines américaines, qui elles, niveau oseille, en jettent. Il faut l'avouer, de l'autre côté de l'Atlantique, l'argent n'est pas un tabou. Et pour être millionnaire, il faut commencer par penser comme une millionnaire, c'est leur credo. Alors, découvrez des femmes qui parlent cash sur table, qui ont gagné beaucoup d'argent, qui en sont fières et qui sont allées combattre les inégalités de salaires. Bref, des femmes qui assurent !

Walk of Femmes

Argent

Oprah Winfrey

Elle a été élue icône pop du pays - devant Mickey Mouse ! - par le magazine *Time*. Elle est LA présentatrice et femme noire la plus riche du monde. Elle est l'un des plus importants porte-parole des luttes contre le racisme et des droits des femmes. Et pour cause : les inégalités, elle connaît. Dans les années 1980, Oprah Winfrey coprésente l'émission « People are talking » au côté de Richard Sher. Elle est payée 22 000 dollars par mois, lui, 50 000. Un écart vertigineux pour un même poste, non ? Elle n'hésite pas à le faire remarquer, mais se fait aussitôt remballer. Un traumatisme qui a certainement nourri sa niaque, puisque, quelques années plus tard, elle fonde son propre empire : « The Oprah Winfrey Show ». Sa valeur ? 2,6 milliards de dollars.

Jennifer Lawrence

On peut dire que cette guerrière dans l'âme n'a pas froid aux yeux. Aussi fonceuse et courageuse que Katniss Everdeen - son personnage dans *Hunger Games* -, Jennifer Lawrence n'hésite pas à se servir de son influence mondiale pour faire entendre sa voix. Dans la vie, c'est sans arc ni fléchettes qu'elle se bat pour des causes qui lui tiennent à cœur. Les inégalités salariales en font partie. Et même si son patrimoine personnel s'élève aujourd'hui à une centaine de millions de dollars, l'actrice n'a pas peur de passer pour la boss de service pour obtenir justice. En 2015, elle écrit d'ailleurs une tribune dans *Lenny Letter*, la newsletter de Lena Dunham, créatrice de la série *Girls*, dans laquelle elle souligne les écarts entre les rémunérations des hommes et des femmes à Hollywood. « Pourquoi je gagne moins que mes collègues masculins ? » Dedans, elle y évoque ses sentiments face aux inégalités salariales.

« Quand Sony a été piraté et que je me suis rendu compte que je gagnais beaucoup moins que ceux qui ont la chance d'avoir une b*te, je n'étais pas en colère contre Sony. J'étais en colère contre moi-même ! [...] J'avais échoué dans mes négociations parce que j'avais cédé trop tôt par peur de paraître "difficile" ou "gâtée" [...]. Ça me semblait être une bonne idée, jusqu'à ce que je découvre les fiches de paie et que je comprenne que tous les hommes avec lesquels je travaille ne s'inquiètent pas de passer pour "difficiles" ou "gâtés". Ça pouvait être dû à mon jeune âge. Ou à ma personnalité. Je suis sûre que c'est un peu des deux. »

Viola Davis

« J'ai une carrière qui est probablement comparable à celle de Meryl Streep, Julianne Moore, Sigourney Weaver ! [...] Elles ont eu le même parcours que moi et pourtant je suis très loin d'elles. Que ce soit en termes d'argent ou d'opportunités ! » dit-elle dans une conférence Women in the World.

Viola Davis n'a jamais eu peur de le dire haut et fort : elle est victime de discrimination salariale. Depuis des années, l'actrice se bat pour réduire en miettes les inégalités... Pas uniquement entre les femmes et les hommes, mais également entre les femmes blanches et les femmes noires. « Payez-moi pour ce que je vaux ! » Elle n'a pas attendu *Murder* pour être attachée au droit pénal. Chaque jour, elle se bat pour être payée à sa juste valeur. Aujourd'hui, sa fortune s'élève à des dizaines de millions de dollars.

Évaluons notre valeur, notre prix

De mon côté, je dois l'avouer, de l'argent, j'ai toujours eu envie d'en gagner. Baby-sitting, petit business dans la récré, brocantes et braderies ou encore jobs d'été, j'étais sur tous les fronts pour remplir mon porte-monnaie. Pourtant, les années passant, j'ai fait un constat assez déroutant : si j'en voulais, je n'osais jamais le réclamer (ou aller le chercher). Comme mon mari le dit si bien : « Toi, Melody, tu sais faire de l'argent, mais tu ne sais pas en gagner ! »

Eh oui, nous les femmes, nous souffrons bien souvent de ce qu'on appelle l'**under-charging**. En français : « sous-facturer ». On a tendance à dévaluer (fortement) la qualité de notre travail et quand vient le moment de passer à la caisse, eh bien, comment dire... il manque quelques zéros sur la note ! Et ça se ressent, peu importe notre situation : que l'on soit salariée avec l'acceptation de salaires inférieurs, entrepreneuse ou indépendante, quand on doit fixer le prix réel de notre travail ou de notre service.

Mais ce n'est pas tout ! Comme un mal n'arrive souvent jamais seul, nous sommes également atteintes d'**overdoing** (oui, le même que notre petit syndrome de l'imposteuse !) : de fournir beaucoup plus de travail que nécessaire. On se met en mode Wonder Woman du travail pour montrer que notre prix est justifié, que l'on mérite le prix de nos efforts.

CAROLE JUGE-LLEWELLYN

« Quand on lance une entreprise (ou qu'on est free-lance, par exemple), on se pose souvent la question de sa propre rémunération. Est-ce que je dois me payer ou pas ? Comment fixer mon prix ? J'ai toujours dit que, à partir du moment où de l'argent rentrerait dans ma société, je me verserais un salaire au même titre que tout le monde dans l'entreprise. Ce n'était pas négociable.
Dans ma précédente entreprise, je ne l'ai pas fait, mais je n'avais pas compris que notre carrière professionnelle ne peut pas se faire au détriment des bases solides de sa vie.
Ce n'est pas l'argent en tant que tel qui m'intéresse vraiment, c'est plutôt ce que l'argent me permet d'avoir. Je me suis fixé un salaire qui me donne le luxe de ne pas m'inquiéter du sujet de l'argent, car mille sujets me préoccupent déjà dans mon quotidien. La sérénité de me dire, tout a été payé : le loyer, à manger pour ma famille, la crèche de mon fils, etc. Et que je n'ai pas à m'inquiéter pour ça. Il ne faut pas avoir honte de fixer ou de se fixer un salaire qui corresponde à ses réels besoins. »

Bosstips de

LAURE COHEN

Comment négocier son SALAIRE ?

Avant de commencer, j'aimerais vous confier quelque chose que l'on m'a dit il y a longtemps et qui sonne si vrai quand on doit négocier son salaire : le « non », tu l'as déjà. Si tu ne demandes pas, le résultat sera donc le même qu'un « non ». Donc tu ne perds rien à demander ce que tu veux vraiment. Au pire, on te dit « non », et « tu restes à la case départ ».

Je suis convaincue que ce qui fait les inégalités de salaires entre les hommes et les femmes (en grande partie évidemment, n'en faisons pas non plus une généralité), c'est que nous, femmes, n'osons pas aller chercher le salaire qu'on veut vraiment. On n'ose pas demander, on n'ose pas se battre pour ça et on n'ose pas ne pas lâcher. Il ne faut jamais laisser la peur, la crainte nous conseiller !

ÉTAPE 1. Demander le max pour tester les limites

La première étape consiste à tester les limites de la personne avec laquelle vous négociez. L'échelle de valeur de chacune est relative. Ce qui peut paraître beaucoup d'argent pour vous peut ne pas l'être pour elle. Il est donc important de ne pas vous enfermer dans vos propres repères et, pour cela, il ne faut pas hésiter à taper haut. Demandez au max pour connaître la limite de l'autre (sans être dans l'abus, évidemment, par rapport au marché). Si vous avez vraiment envie de décrocher tel ou tel travail, encore une fois, ne laissez pas la peur de le perdre vous empêcher de demander un bon salaire. Vous pourrez tout à fait, dans la seconde étape de la négociation, le revoir à la baisse.

La négociation, c'est simplement une façon de tester le curseur de la personne en face, savoir s'il est au même endroit que le vôtre et comment vous pouvez rapprocher les deux pour que ça matche. La communication non violente est très utile pour cela aussi. Ne vous inquiétez pas, même si vous avez vraiment envie de ce travail, ne laissez pas la peur de le perdre vous empêcher de demander ce que vous valez vraiment.

Rien ne vous empêchera ensuite, dans une seconde étape de la négociation, de revoir vos exigences à la baisse. De faire un pas vers l'autre. Si vous n'allez pas aussi loin que vous l'espérez, vous ne saurez jamais si vous auriez pu avoir cet argent.

Pour demander « au max », il ne faut pas oublier que : « Je vaux le prix que je fixe. » C'est vous le produit. Alors, pour fixer votre salaire, il faut vous poser toutes les questions suivantes :

- Quels sacrifices ce boulot va me demander ?
- Qu'est-ce qu'il va m'apporter ?
- C'est quoi le prix de ma vie ?
- À partir de combien me sentirais-je très (très) confortable, voire heureuse d'aller travailler ?

ÉTAPE 2. **Trouvez le salaire « compromis »**

Si vous avez obtenu un « non, c'est trop cher », c'est le moment de la tchatche !
Avant de dévoiler vos cartes, essayez, comme pour la première étape, d'avoir plus d'informations sur les limites de l'autre. Essayez d'obtenir ce que j'appelle un « non argumenté ». « Quel est votre budget pour ce poste ? » : voici le type de phrase qui vous permettra de connaître le salaire plancher pour négocier. Prenons un exemple : vous avez demandé 60K annuel et la personne vous répond qu'elle n'a que 40K de budget... Vous connaissez maintenant les repères de négociation. C'est donc le moment de trouver le salaire compromis.
À vous maintenant de prendre les devants dans les discussions et d'argumenter. D'expliquer pourquoi vous êtes la bonne personne pour ce poste, les missions et le travail que celui-ci demande, et pourquoi vous méritez d'avoir le salaire approprié. Le but étant de vous rapprocher au maximum du salaire plafond (celui que vous souhaitez).
Évidemment, vous pouvez (et allez) accepter moins, c'est le jeu de la négociation, mais à vous de fixer le prix de votre « sacrifice ». Il faut donc vous poser les questions suivantes :

- Est-ce que je suis prête à aller travailler pour ce salaire ?
- Jusqu'à combien je veux bien descendre pour faire ce métier tout en étant heureuse ?
- Est-ce qu'avoir cette somme sur mon compte et faire toutes les tâches que l'on me demande, c'est OK pour moi ?

ÉTAPE 3. **N'en rajoutez pas !**

Une fois que vous vous êtes mis d'accord sur le salaire, n'oubliez pas que vous n'avez pas besoin d'en faire trop. Évidemment que si on augmente votre salaire, on va certainement vous demander plus de travail et d'engagement de votre part.
Mais n'oubliez pas aussi que l'on vous a choisie parce que vous êtes bonne dans ce que vous faites. Continuez de bien faire ce que vous savez faire, car c'est pour ça qu'on vous paie !

Investir dans le meilleur des placements : soi-même !

Maintenant que nous sommes capables d'encaisser, passons à la dernière étape : l'investissement. Une chose que j'ai apprise en grandissant, c'est qu'avoir de l'argent, c'est bien. Mais le faire fructifier, c'est mieux.

Un conseil que l'on retrouve dans un livre qui a changé mon compte en banque, *Père riche, père pauvre* (Un monde différent, 2017), un best-seller vendu à plus de 40 millions d'exemplaires dans le monde. Pour celles qui ne le connaissent pas, laissez-moi vous raconter l'histoire de Robert Kiyosaki, l'auteur du livre, qui a eu deux modèles paternels dans son enfance : son père (le pauvre) et le père d'un ami (le riche).

« J'ai eu deux pères : l'un riche, et l'autre pauvre. L'un était très instruit et très intelligent. [...] L'autre père n'a jamais terminé sa huitième année [...]. Les deux hommes ont eu du succès dans leurs carrières, travaillant dur toute leur vie. Tous deux gagnaient des revenus substantiels. Et pourtant, l'un d'eux a éprouvé des difficultés financières pendant toute son existence, l'autre est devenu l'un des hommes les plus riches de Hawaï. »

Robert Kiyosaki s'est alors demandé quelle était la différence entre son père riche et son père pauvre. Le constat était sans appel : ils avaient tous deux une vision opposée de l'argent.

Son véritable père a appris à travailler au service de l'argent mais n'a jamais appris à mettre l'argent à son service. Il croyait en l'éducation formelle et pensait que le travail acharné était la clé du succès. Mais du coup, il n'a jamais vraiment réussi à s'élever financièrement.

À l'inverse, le père riche a fait travailler l'argent pour lui et c'est là que réside toute la différence. Il croyait au pouvoir de l'éducation financière et pensait que l'investissement intelligent et l'acquisition d'actifs étaient le chemin vers la richesse. Ce n'est pas forcément gagner plus, mais savoir faire fructifier son argent.

Cette double éducation a alors montré à l'auteur **qu'il est primordial de développer son intelligence financière**, que la richesse est avant tout le résultat d'aptitudes, de compétences qui ne sont malheureusement pas enseignées sur les bancs de l'école. Mais qui dit compétences, dit quelque chose qui s'apprend, qui se cultive, qui se nourrit EN SE FORMANT !

C'est là-dessus que j'aimerais clore cette partie sur l'argent. **Le meilleur investissement qui existe au monde : c'est d'investir en soi-même !** Il faut miser sur sa propre personne. Nous disposons toutes en nous d'un « capital » que l'on peut faire fructifier, à condition d'investir régulièrement en lui.

L'ÉDUCATION OBLIGATOIRE AMÈNE UN SALAIRE,

L'ÉDUCATION PERSONNELLE AMÈNE LA FORTUNE.

8. Maternité vs Carrière : le combat

MESDAMES, SOYEZ LES BIENVENUES DANS LA GRANDE DEMI-FINALE VIE PRO/VIE PERSO

Vous allez assister à l'un des plus grands matchs de notre condition féminine : **le plafond de mère**. Sur le ring s'affrontent deux adversaires de taille : **la Maternité *vs* la Carrière**.

L'offensive a été lancée il y a des années : la maternité serait un frein pour l'ascension professionnelle. Un cliché bien ancré. Nombreuses sont les phrases hasardeuses sorties de la bouche des recruteurs : « Avez-vous des enfants ? », « Comptez-vous en avoir ? », « Avez-vous un moyen de garde ? »

Notre pouvoir de procréation entraîne des questionnements sur notre capacité à exercer notre travail. Étonnant…

Échelon après échelon, ça ne s'améliore pas, loin de là. Les coups s'enchaînent : « C'était bien tes vacances ? » en rentrant de notre congé maternité. « Tu ne pourras pas gérer carrière et parentalité ! » Et hop, les promotions qui nous passent sous le nez.

Si nous avons fait le choix d'être mère, malheur à nous si cela se ressent dans notre travail. Nous devons redoubler d'effort pour cacher, dissimuler notre rôle. Eh oui, si vous envisagez même de partir plus tôt pour aller chercher vos bambins à l'école, gérer une galère de nounou, ou rester à la maison pour soigner votre enfant malade, vous n'êtes pas fiable et pas professionnelle. Immédiatement déclarée perdante.

Pourtant, si les rôles étaient inversés ? Ne serait-il pas le meilleur papa du monde aux yeux des autres ?

Une maman ordinaire

Un papa super cool

Une maman ordinaire

Un papa attentioné

Une maman ordinaire

Un papa génial

Une maman ordinaire

Un papa poule

De mon côté, c'est toujours un étonnement quand j'annonce que je suis maman de deux enfants (et bientôt trois maintenant, en écrivant ce livre…).

La plupart des personnes se demandent comment je fais pour gérer ces deux aspects de ma vie. D'autres, plus malveillantes, s'interrogent intérieurement : « Pourquoi faire des enfants, si ce n'est pas pour passer du temps avec eux ? » En d'autres mots : si vous envisagez d'avoir une carrière, vous êtes une mère égoïste. Des crochets du droit qui me font encore plus culpabiliser.

Évidemment que je m'en veux. Parfois… Souvent ! J'ai la boule au ventre en claquant la porte chaque matin. Ou en rentrant trop tard le soir sans avoir eu le temps de leur dire « bonne nuit » et de leur lire une histoire. Mais j'ai tout de suite compris que je ne pourrais pas être pleinement heureuse sans voir ces deux mondes cohabiter dans ma vie. D'autres y sont tout simplement obligées, en tant que mères célibataires ou parce qu'elles ne peuvent pas se permettre un ménage à un seul revenu.

Alors, dans ce chapitre, je veux riposter à gros coups d'uppercut pour prouver qu'on peut parler de carrière, d'ambition, d'argent et de pouvoir, avec un biberon à la main ou plusieurs si on le veut !

Parole de boss

HAPSATOU SY

« On jongle entre sa vie de boss et sa vie privée, en ayant conscience que la réussite n'existe pas sans le parfait dosage des deux. On ne peut pas réussir sa vie en étant malheureuse dans sa vie privée et heureuse dans sa vie professionnelle. L'inverse n'existe pas non plus.
C'est trouver le juste équilibre des choses, pour se sentir parfaitement bien soi-même et pas pour les autres. »

Ce chapitre n'est absolument pas là pour vous dire que vous devez avoir des enfants, à chacune ses envies et ses choix de vie. Ou que, si vous avez fait le choix d'être mère, vous devez obligatoirement avoir envie de faire carrière. Il n'y a pas dans ce monde une chose qui définisse mieux un travail que celui d'élever un enfant, c'est un métier à part entière. Et tout aussi gratifiant ! Mais vous POUVEZ dégommer ce plafond de mère si vous vient l'envie de faire carrière.

Un travail respectable

Aussi, un travail respectable

Commençons alors le combat par un petit distributeur de punchlines ! Parce que la moitié de l'humanité est souvent mise K.-O. quand elle songe à procréer. Les remarques mal placées, ça se contourne !

DISTRIBUTEUR DE Punchlines Maternité

Tu comptes avoir des enfants alors que tu montes ton entreprise ?
Bah oui, pourquoi ? Tu cherches une mère porteuse ?

Avec des enfants, c'est impossible d'avoir une carrière professionnelle !
Tu sais, je suis déjà une mère, une cuisinière presque étoilée, comptable quand il le faut, psychologue à mes heures perdues et taxi bénévole. Un énième métier ne me fait pas peur !

Mais si tu travailles, qui va s'occuper de tes enfants ?
Ça tombe bien, je cherche un·e baby-sitter ! Vous êtes intéressé·e ?

Tu as trois enfants et tu travailles... Ton mec ne gagne pas bien sa vie ou quoi ?
Je ne savais pas qu'en devenant maman on perdait tous nos diplômes !

Comment tu gères le travail et les enfants ?
Tu peux le demander directement à mon mari. Lui aussi le fait !

Tu n'as pas l'impression de passer à côté de ta vie de mère ?
Non. En revanche, toi, tu es passé·e à côté de l'empathie !

Faire un enfant à ton âge, t'es sûre ?
Je ne crois pas qu'il y ait de bon ou de mauvais âge pour devenir mère… Si je devais résumer la maternité avec vous, je dirais que c'est avant tout une question de rencontre, d'amour, d'une personne qui nous a tendu la main à un moment…(On verra si vous avez la réf !)

Pourquoi tu n'as
pas d'enfant ?

Un seul enfant ? Il risque
de s'ennuyer ...

Tu es fatiguée avec deux ?
Imagine avec trois !

Pourquoi tu as fait
autant d'enfants ?

Je vous propose maintenant d'appeler sur le ring une alliée de taille, une des plus grandes combattantes contre les inégalités femmes-hommes de notre siècle, j'ai nommé : Sheryl Sandberg.

Sheryl, si vous ne la connaissez pas encore, est une femme qui possède un CV en béton armé ! Directrice des opérations de Meta (Facebook) depuis 2012, elle est passée aussi par de nombreuses entreprises prestigieuses comme Google, Walt Disney ou McKinsey. En 2013, elle publie *En avant toutes* (Éditions J-C Lattès), un livre pour exhorter les femmes à avoir de l'ambition. L'année suivante, elle devient l'une des plus jeunes femmes milliardaires au monde. Et elle figure même pendant cinq ans consécutifs dans le classement des femmes les plus puissantes du monde selon le magazine *Forbes*. Rien que ça ! Bref, vous l'aurez compris, en termes de boss, on est sur du très lourd.

Mais Sheryl a aussi fait péter les scores en 2014 dans un TED Talk intitulé « Pourquoi nous n'avons que trop peu de dirigeantes ? », qui a généré plus de 11 millions de vues. Elle s'interroge sur le faible pourcentage de femmes qui atteignent des postes à hautes responsabilités dans le monde du travail. Même si son intervention date de plus de dix ans, son message résonne davantage aujourd'hui, et restera, à mon sens, l'un des discours les plus influents de la voix des femmes et de leur carrière. On y retrouve comment mettre à terre le préjugé selon lequel « femme et carrière » ne font pas bon ménage en trois rounds. Regardez le match.

Round 1
« Asseyez-vous à la table ! »

Sheryl Sandberg commence le combat par un premier conseil : « Asseyez-vous à la table ! »

En gros, pour éviter d'être déclarées perdantes dès le premier round, commençons déjà par arrêter de nous minimiser, de nous mettre de côté, d'être notre propre cape d'invisibilité.

Durant sa carrière professionnelle, Sheryl a fait trois constats :

- Tout d'abord, les hommes s'attribuent leur succès et les femmes ont tendance à l'attribuer à des facteurs externes. (Encore ce méchant et vilain syndrome de l'imposteur qui nous fait du corps-à-corps !)
- Ensuite, les femmes sous-estiment quasi systématiquement leurs capacités. Elles ont alors tendance à se sentir illégitimes quand il s'agit de se faire remarquer et d'aller saisir les opportunités qui mèneront, échelon après échelon, aux postes de direction.
- Pour finir, les femmes ne négocient pas pour elles-mêmes sur le marché du travail.

Résultat : même quand elles y sont conviées, les femmes n'osent pas, lors de réunions importantes, s'asseoir près de leurs collègues masculins, prendre part aux discussions, prendre de la place et finalement accéder au pouvoir.

« Personne n'arrive à un poste de responsabilité en s'asseyant sur le côté et non pas à la table, et personne n'obtient une promotion s'il ne pense pas mériter sa réussite. »

Mais je vous rassure, nous ne sommes pas 100 % responsables ! Comme le souligne Sheryl, c'est en partie dû à la pression des stéréotypes.

Quand une femme veut prendre les choses en mains, c'est de l'autoritarisme.

Quand une femme exprime ses besoins et envies, c'est du bruit.

Quand une femme fait des remarques, c'est de la condescendance.

Alors arrêtons de nous mettre en position de repli et asseyons-nous à cette foutue table !

Un passionné

Une hystérique

Utile

Hautaine

Concentré

Une connasse

J'ai besoin d'une promotion
pour prendre soin de ma famille

Je ne peux pas avoir de promotion
pour prendre soin de ma famille

Round 2
Faites de votre partenaire un vrai partenaire

Et si les inégalités commençaient à la maison ? C'est le second message que Sheryl Sandberg nous transmet. Pour soulever des montagnes côté pro, il faut être épaulée et aidée côté perso. #CQFD.

Et tout est dans le choix de votre partenaire de vie, « un partenaire qui vous soutient et qui n'essaiera pas d'entraver votre carrière, en raison des normes sociétales. Être une femme dans une entreprise est assez difficile. Vous n'avez pas besoin de quelqu'un pour rendre les choses plus difficiles pour vous à la maison ! »

Préparer le dîner des bambins, s'assurer qu'ils ne manquent de rien, qu'ils sont à jour de leurs vaccins... Que les devoirs sont terminés, que la logistique pour les emmener d'un point A à un point B est assurée, que la maison est bien récurée...

Les femmes se préoccupent quotidiennement des tâches ménagères, domestiques et éducatives à la maison. Cette fameuse charge mentale qui touche 8 femmes sur 10 ! Un travail permanent et invisible qui met notre cerveau en action constante, surchargé par le poids de toutes ces responsabilités. Alors quand il faut que quelqu'un reste à la maison, devinez sur qui ça tombe ?

Quitter la maison (maman vs papa)

Sheryl milite pour que l'ensemble des tâches domestiques soient partagées entre le couple pour que les femmes aient le choix de continuer ou non leur carrière, mais aussi pour leur permettre de devenir des femmes dirigeantes un jour.

Les femmes ambitieuses font peur. C'est vrai. Mais l'inverse fait peur aussi. Je peux vous garantir qu'il existe des hommes et des femmes qu'une femme ambitieuse fait rêver et qui seront heureux de partager, de féliciter et d'encourager vos succès. (C'est le passage où je peux saluer et remercier mon mari... Coucou David !)

Alors comment gérer vie pro et vie perso ?

Voici les conseils de nos boss !

« Comment faites-vous pour allier carrière et maternité ? »

Oui, je sais, on ne pose JAMAIS cette question aux hommes, alors pourquoi la poser aux femmes ? Assurer son rôle de mère et construire, cultiver sa carrière, ce n'est pas toujours facile. Charge mentale, plafond de mère, inégalités femmes-hommes, culpabilité... Dois-je vraiment faire la liste ?

Kelly Massol

Je n'y arrive pas ! On m'a dit d'être transparente ! C'est très difficile de gérer à la fois sa vie sociale (parce que c'est important d'en avoir une), sa vie familiale qui demande beaucoup de temps, mais surtout beaucoup d'implication, et enfin sa vie professionnelle. C'est un équilibre difficile à trouver et je ne vais pas vous mentir, même après treize ans, je n'y arrive toujours pas. Il y a des choses que je n'arrive pas à faire, il y a des jours où mes enfants ne me voient pas, il y a des semaines au bureau où je ne vais pas forcément être présente parce que mes enfants ont besoin de moi. En réalité, on marche constamment comme un équilibriste et on n'est jamais à l'abri de tomber d'un côté ou de l'autre. Mais il faut accepter ça. La perfection n'existe pas et, surtout, ce sont ces brisures et ces fêlures qui font qu'on arrive à avancer quotidiennement. Pour moi, il ne faut jamais oublier le mantra « Always with love » : toujours faire ses choix avec amour et jamais par dépit !

Lalaa Misaki

Je fais ce que l'on appelle de la gymnastique mentale constante, mais c'est faisable ! À la base, je suis quelqu'un qui s'organise dans le chaos. Je suis très désorganisée. Donc j'ai appris avec mes enfants à m'organiser. Ça reste très dur ! Je ne dis pas qu'à un certain moment je ne suis pas en train de craquer... Ce serait mentir de dire que je gère tout le temps. Mais en même temps, j'aime tellement mon métier, ça me rend très épanouie. Et une maman épanouie, ce sont des enfants épanouis.

Émilie Daudin

Il y a plusieurs choses. Je pense d'abord qu'il faut être entourée. Avoir les bonnes personnes capables de simplifier notre quotidien. À la fois à la maison, car, pour pouvoir assurer au travail, il faut avoir l'esprit tranquille. Mais aussi dans la sphère du travail, car c'est important d'avoir une équipe sur laquelle on peut compter, qui nous soutient quand on doit être plus présente à la maison, comme ça a été le cas pour moi, par exemple, avec ma maladie.

Ensuite, ça va évidemment avec, mais c'est de savoir déléguer ! Accepter le fait qu'on ne peut pas tout faire, assurer dans tous les domaines. Déléguer les tâches qui nous bouffent trop d'énergie, notamment. Par exemple, j'adore jouer avec mes enfants et les coucher, mais je n'aime pas batailler pour leur donner à manger. Alors je délègue cette tâche pour que les moments passés avec mes enfants soient qualitatifs, avec des petits rituels qui leurs sont complètement dédiés.

Carole Juge-Llewellyn

La relation entre la maternité et le travail est unique pour chaque femme. C'est lié à ce dont la femme a envie et/ou besoin. On a le droit de vouloir travailler, d'être carriériste, d'avoir des envies, de l'ambition : ce n'est pas incompatible avec le fait d'avoir un enfant. Ça ne veut pas dire que vous n'aimez pas votre progéniture…

Mon cœur a été bouleversé quand j'ai eu un enfant. Mais ma vie, non ! Elle est juste plus organisée aujourd'hui. Mes journées sont aussi denses, je travaille autant qu'avant, mais à l'intérieur de ces journées il y a un petit enfant avec qui je passe du temps. Il faut juste se rendre à l'évidence : on ne peut pas tout faire et ajouter des choses indéfiniment sans rien enlever. Pour ma part, j'ai retiré par exemple le sport ou encore les verres avec mes copines de manière impromptue pour trouver le parfait équilibre.

Julie Chapon

La maternité a changé beaucoup de choses pour moi. J'ai eu un double sentiment de culpabilité. Avant, je ne comptais pas mes heures, je travaillais nuit et jour et même le week-end.

À partir du moment où tu as un enfant, tout ça change. Tu réduis considérablement ton nombre d'heures passées au travail et, par conséquent, tu mets moins de choses en place. Tu peux alors avoir ce sentiment de culpabilité vis-à-vis de tes associés, des membres de l'équipe et vis-à-vis de toi-même aussi, car tu n'es pas aussi productive qu'avant.

Et du point de vue familial, tu culpabilises aussi parce que tu ne vois pas beaucoup tes enfants. Tu as vraiment ce tiraillement entre ne pas assez bosser et ne pas passer assez de temps avec tes enfants. Tu es bien nulle part. Ce n'est pas quelque chose que j'avais anticipé.

Aujourd'hui, j'ai appris à prendre du recul et j'ai trouvé une organisation. Au travail, j'ai appris à être plus efficace, à prioriser mes sujets ; et avec mes enfants, je passe du temps qualitatif. C'est la clé ! Quand je suis avec eux, je suis vraiment avec eux ! Je ne suis pas ailleurs, sur mon téléphone ou en train de regarder mes e-mails ou la télé. Ça n'enlève pas complètement ce sentiment de culpabilité, mais ça l'atténue.

Round 3
Ne partez pas avant de partir

C'est avec ce point que Sheryl lance sa dernière offensive. Dès que les deux petites barres s'affichent sur le test de grossesse (et parfois même avant), les femmes commencent à quitter mentalement leur travail, avant de partir physiquement…

Adieu les nouveaux projets, les nouvelles opportunités et les responsabilités. On se met en mode point mort et on ne progresse plus dans l'entreprise. Finalement, **on prépare notre départ au lieu d'anticiper notre retour.**

Quand on revient de notre congé maternité, parfois, les missions qu'on aurait voulu (et pu !) avoir nous sont déjà passées sous le nez, et on nous cantonne en bas des échelons qui ne mèneront jamais aux postes de direction.

« Vous ne savez pas quand vous aurez ce bébé, ne vous freinez pas avant qu'il arrive ! Ne refusez pas un poste ou ne vous empêchez pas de construire une carrière qui vous plaît de peur de devoir partir en congé un jour, au contraire ! Non seulement vous n'y êtes pas encore, mais en plus, il est si difficile de quitter son bébé pour retravailler – si vous faites le choix d'y retourner – qu'il vaut mieux avoir un job qui vous épanouisse. »

Vous l'aurez compris, même si le chemin pour les femmes qui veulent devenir dirigeantes n'est pas sans embûches, maternité et carrière sont loin d'être des adversaires.
Ne partez pas avant de partir !

9. Attention à la marche

Nous voilà presque à la dernière marche pour aller au bout de nos ambitions. Cependant, « pour atteindre le succès, il n'y a pas d'ascenseur, il faut prendre l'escalier ».

Les marches sont toutes les étapes à franchir pour avancer et évoluer dans sa carrière professionnelle. De mon côté, j'avais réussi plutôt haut la main à monter quelques étages.

Monter la marche de la passion : fait ! Monter la marche du job mortel : fait ! Monter la marche de l'intuition : fait ! Et ainsi de suite…

Pourtant, je n'avais pas envisagé qu'après deux ans d'entrepreneuriat j'allais louper violemment une marche : celle du management.

Notre première recrue à la rédaction m'annonce, après deux ans de bons et loyaux services, son départ pour un média concurrent. Ma première (et pas la dernière !) grande déception. Je n'avais pas su la garder alors que je lui avais tout donné. Du moins, c'est ce que je pensais à l'époque.

Ce que je n'avais pas compris, c'est qu'au cours de sa carrière professionnelle, comme dans un escalier, on fait des rencontres. Des personnes qui évoluent avec nous, jusqu'aux paliers suivants. Ce sont nos collègues, notre équipe et toutes celles et ceux qui participent de près ou de loin à ce que nous essayons de construire. Cela ne veut pas dire qu'on ne les croisera pas à d'autres étages ou dans d'autres immeubles, d'autres projets, d'autres aventures, bref, mais que nos chemins peuvent se séparer.

KELLY MASSOL

« J'ai eu des problèmes pour grandir en tant que cheffe d'entreprise. Avant, j'étais entrepreneuse, maintenant je suis cheffe d'entreprise, et il y a une nuance entre les deux. S'autogérer, c'est facile, mais gérer toute une équipe, d'autres personnes, c'est autre chose.

Au fur et à mesure que mon entreprise grandissait, les membres de mon équipe et moi n'avions plus la même vision. Ils et elles avaient encore l'esprit start-up, assez niche, alors que moi, ce que je voulais, c'était viser les montagnes. Être cheffe d'entreprise, c'est réussir à gérer des équipes, mais aussi à leur transmettre un état d'esprit.

Aujourd'hui, je ne recrute plus uniquement sur CV. Je recrute en fonction de la personnalité. Tu peux avoir deux personnes à niveau de compétences équivalent, je vais m'attarder sur l'état d'esprit. C'est comme ça que tu construis ton équipe, c'est comme ça que tu peux aller plus loin et que tu te dépasses sur des nouveaux challenges. »

Malheureusement, je l'ai compris bien trop tard. J'ai commencé à m'endurcir. À me noircir. Puis les erreurs se sont enchaînées, année après année. Trop exigeante, pas assez empathique, trop directive, pas assez pédagogue, trop directe, pas assez reconnaissante, trop dénigrante, pas assez indulgente… J'ai cumulé tous les défauts que l'on peut retrouver chez une patronne.

Résultat : au lieu d'être la leadeuse adulée, j'étais plutôt la looseuse à fuir. Une personne détestable et détestée, incapable d'inspirer, de fédérer, d'éclairer. J'ai vu alors partir toutes les personnes qui avaient pourtant contribué et participé à notre succès. C'est qui la boss ? Clairement pas moi.

Après quatre ans (c'est long, très long !), je me suis enfin rendu à l'évidence : mon entreprise allait dévaler les escaliers jusqu'au sous-sol, car il y avait une mauvaise bâtisseuse : MOI !

Dans mon malheur, une once de positif. J'avais pris conscience de ma plus grande faiblesse et, en bonne entrepreneuse, j'ai trouvé la solution à mon problème : m'entourer d'une personne capable de réaliser tout ce que j'avais lamentablement foiré : Anaïs.

Telle une magicienne, en quelques mois, elle a réparé les marches que j'avais esquintées et elle a fait des Éclaireuses une entreprise dans laquelle il fait bon travailler et où les personnes sont écoutées et valorisées.

Pour moi, ça a été la marche du management, pour vous ça peut être d'autres choses. Il faut juste se rappeler qu'on ne peut pas être bonne dans tout. Il faut accepter cela et s'entourer des personnes qui vous aideront à monter les étages que vous n'arrivez pas à franchir seule.

Mais si vous avez envie de gravir les échelons au sein d'une entreprise (comme nous l'a expliqué notre Queen Sheryl Sandberg) ou de monter la vôtre comme Reine Kelly Massol, vous allez peut-être passer par les étapes suivantes : **construire, fédérer et gérer une équipe.**

Gérer l'humain, c'est un défi du quotidien.

Quand bien même vous réussissez à gérer une ou plusieurs personnes, comment faire en sorte qu'elles interagissent entre elles de la bonne façon ? Ça aussi, c'est du management. Et plus l'entreprise grandit, plus il faut la structurer et trouver les personnes qui pourront à leur tour construire une équipe. Ça aussi, c'est un challenge !

LAURY THILLEMAN

“ Il faut bien s'entourer ! Mais surtout s'entourer de personnes qui veulent te voir grandir. Des personnes bienveillantes, qui sont heureuses pour toi et fières d'être à tes côtés. C'est le plus important.
Le plus grand de mes apprentissages a été aussi d'apprendre à déléguer. Il ne faut pas se croire plus forte que les autres. Il faut être capable de se dire : « OK, j'ai besoin d'une personne pour faire ça, et j'en ai besoin d'une autre pour faire ci », ou encore « ces tâches sont trop énergivores pour moi, donc il faut que je les délègue ».
La créativité occupe une place très importante dans ma vie. Pour lui laisser toute la place et pour pouvoir me libérer du temps afin d'être meilleure dans tout ce que j'entreprends, il était essentiel de recruter, et pourtant ça n'a pas été facile.
Quand on monte une entreprise, il faut savoir bien identifier les personnes capables de développer son projet comme si c'était le sien, coûte que coûte.
L'humain, c'est la clé pour construire une entreprise à succès, c'est la base de tout. Et même si aujourd'hui on digitalise et on déshumanise certaines activités, on aura toujours besoin les uns des autres parce que l'on se fait mutuellement grandir. ”

Il n'y a pas vraiment d'école, de cours qui permettent de réussir sa vie professionnelle. Évidemment, certains cursus et même notre éducation nous permettent de nous mettre dans une certaine disposition face au monde de l'entreprise. C'est évident. Mais en réalité, **manager et entreprendre est un apprentissage**. Chaque jour, on se confronte à des choses qu'on ne connaît pas, à des situations que nous ne savons pas forcément gérer, à des difficultés ou encore à des défis auxquels on n'avait même pas songé et que l'on doit pourtant relever. On essaie de faire ce qu'on peut.

Parfois, on le fait bien, voire super bien. On se découvre alors des talents dont on n'imaginait même pas l'existence. Comme on l'a vu, le talent se révèle par la pratique ; il ne faut donc pas craindre de faire, de tenter, d'essayer. C'est important dans le processus de connaissance de soi.

Et parfois, on le fait mal. On commet des erreurs. Beaucoup d'erreurs. Mais on essaie d'en tirer les bonnes leçons, de s'entourer, de s'améliorer et de faire mieux la fois suivante.

J'ai alors décidé de travailler avec une coach (Laure Cohen de nos Boss Tips !) pour que plus personne ne souffre de mon mauvais management. Elle m'a tout de suite dégainé cette phrase :

« Tu n'es pas mauvaise en management, tu n'as juste jamais appris à le faire ! Vas-tu reprocher à une personne de ne pas savoir piloter un avion si elle n'est pas pilote ? Alors pourquoi te le reprocher ? Avant de dire que tu n'es pas douée, commence déjà par apprendre ! »

Il fallait alors que je retourne sur les bancs de l'école : celle de la vie. Et elle m'a livré un cours génial pour apprendre à manager (et à se faire manager !) : l'énnéagramme.

L'ennéagramme est avant tout un outil d'observation et de compréhension de soi. Il permet de mieux se connaître pour progresser, et ainsi valoriser son potentiel afin d'évoluer professionnellement et personnellement de manière positive. On l'a vu, bien se connaître permet de savoir réagir aux situations du quotidien et donc de gagner confiance en soi et en ce qu'on fait. Mais c'est également un excellent outil pour comprendre l'autre et ainsi développer son management.

L'ennéagramme apporte des réponses à ces trois questions :

« Qui suis-je ? »

« Qui est l'autre ? »

« Comment mieux interagir ensemble ? »

Comment ça marche ? C'est par ici que ça se passe !

POWER CHALLENGE ENNÉAGRAMME

L'ennéagramme part du principe que nous sommes tous et toutes uniques, ce qui ne nous empêche pas de partager une même structure de caractère. Il identifie neuf types de personnalités (appelés « base » ou « type »).

Vous ne parlerez pas mandarin à un Allemand, ou espagnol à un Grec. Eh bien, pour les bases, c'est pareil. Votre langage et votre comportement doivent (légèrement) être ajustés en fonction de la personne à qui vous parlez.

Découvrez les neuf bases et quelques tips pour savoir comment manager telle ou telle personne (ou bien être managée). C'est évidemment un résumé pour vulgariser l'ennéagramme, mais je vous invite, si le concept vous plaît, à creuser le sujet, vous ne serez pas déçue !

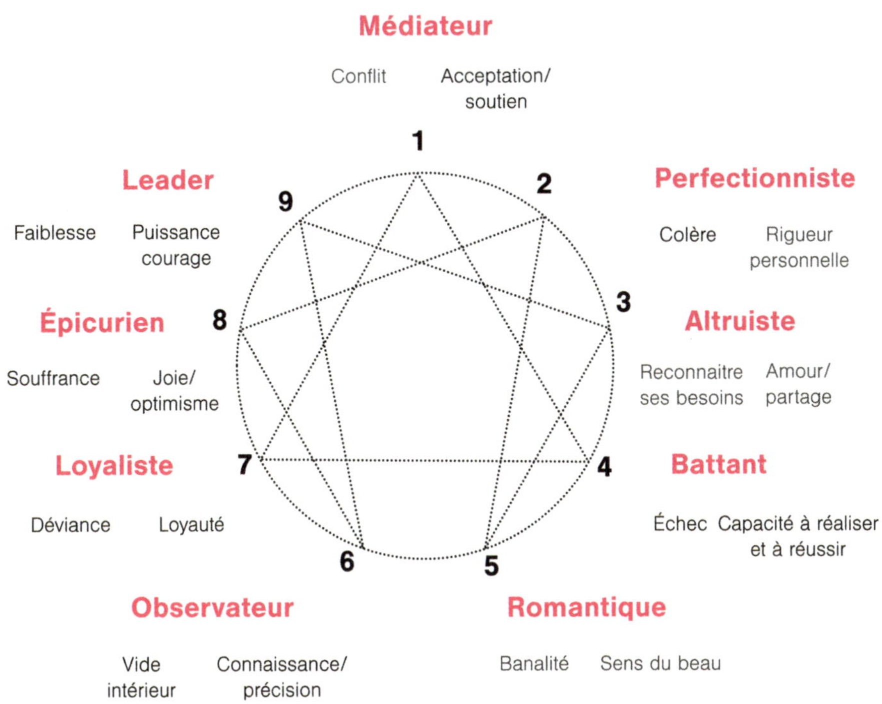

Base 1. La perfectionniste (alias Bree Van De Kamp)

Toujours à la recherche de la perfection, si vous êtes face à une personne qui souhaite viser l'excellence, dites coucou à la base 1 !

SES FORCES : Consciencieuse et d'une grande rigueur, elle met tout en œuvre et travaille sans relâche pour que tout soit parfait. Elle a le sens du détail et du travail bien fait.

SES FAIBLESSES : Éternelle insatisfaite, à force de se conformer à un idéal, elle peut se montrer trop critique envers les autres, mais aussi beaucoup envers elle-même.

COMMENT LA MANAGER ?
Mettez-la sur les postes de contrôle. Elle sait bâtir des plans parfaits pour aller au bout d'une idée. N'hésitez pas à lui donner toutes les tâches qui nécessitent de mettre en place des process. Avec une consigne claire et précise, elle sera la personne idéale pour apporter de la rigueur et de la discipline au sein d'une équipe et d'un projet. Parlez-lui de manière sérieuse, car elle déteste qu'on manque de sérieux dans le milieu professionnel.
Cependant, son goût pour la perfection peut créer du retard dans l'aboutissement d'un projet, et sa volonté de tout contrôler peut l'empêcher de déléguer. Alors, pour monter en compétence, il faut trouver des formations/activités pour l'aider à lâcher prise, à accepter ses erreurs ainsi que celles des autres, et surtout, pour l'encourager à s'amuser et à relativiser dans le travail.

Base 2. L'altruiste (alias Haley James Scott)

Si son but est de satisfaire sans cesse les besoins des autres et qu'elle est reconnue pour son engagement envers autrui, vous êtes face à une base 2.

SES FORCES : Elle est d'une grande sociabilité. Elle a cette capacité à percevoir rapidement la personnalité des personnes qu'elle côtoie grâce à sa grande compassion. Souvent à l'écoute, elle se rend disponible pour tout le monde. Le bien-être de l'autre est au cœur de ses décisions.

SES FAIBLESSES : Elle n'ose pas dire non ! Elle met tellement les besoins des autres en priorité qu'elle oublie souvent ses propres besoins. Et peut se sentir frustrée si les siens ne sont pas appréciés. Son aide est parfois vue comme trop insistante.

COMMENT LA MANAGER ?
C'est la personne idéale pour les ressources humaines. Compatissante, elle sera une oreille attentive pour tous les membres d'une entreprise. Elle va aussi beaucoup s'épanouir dans les projets collaboratifs. Pour la faire monter en compétence, il faut l'aider à prendre en considération ses propres besoins, lui apprendre à dire non et à établir des limites avec les autres. N'hésitez pas à la féliciter et à l'encourager à prendre du temps pour elle.

Base 3. La battante (alias Cristina Yang)

Si vous êtes devant une personne ambitieuse, toujours dans l'action, qui recherche avant tout le succès et qui met tout en œuvre pour l'atteindre, voici une battante du style Cristina Yang.

SES FORCES : Efficace, productive, compétitive et dotée d'une grande capacité de travail, elle peut relever, grâce à sa rapidité d'exécution, tous les défis qui se dressent devant elle. Véritable caméléon, elle peut s'adapter facilement à son interlocuteur pour le convaincre.

SES FAIBLESSES : Elle a très peur de l'échec. Pour atteindre son but, elle a tendance à oublier les autres (individualiste) et à s'oublier elle-même par la même occasion.

COMMENT LA MANAGER ?
Gravir des montagnes et la quantité de travail ne lui font pas peur. C'est une personne qui aime diriger les autres et piloter un projet. Alors n'hésitez pas à lui donner des objectifs ambitieux et des tâches où les résultats sont attendus rapidement. Ne lui donnez pas d'ordre, juste des objectifs à atteindre. C'est un profil intéressant pour tous les postes commerciaux. C'est une personne qui aime être dans l'action, donc ne perdez pas trop de temps avec tout ce qui est secondaire. Il faut lui parler de manière directe, ne pas passer par quatre chemins. Pour la faire évoluer, il faut la rassurer quand elle rencontre des échecs, sinon elle peut se démotiver. C'est une personne qui est stimulée uniquement par les résultats et non par la méthode employée, donc n'hésitez pas à lui enseigner des astuces qui pourraient augmenter ses performances.

Base 4. La créative (alias Carrie Bradshaw)

Si vous êtes face à une personne reconnue pour sa personnalité, son originalité et son goût de l'esthétique, vous êtes devant une véritable Carrie Bradshaw.

SES FORCES : Imaginative, créative, elle arrive toujours à voir la beauté dans l'ordinaire. Elle met tout en œuvre pour affirmer sa singularité et ne tombe jamais dans la banalité. C'est l'artiste de l'ennéagramme !

SES FAIBLESSES : Elle se laisse souvent guider par ses envies et ses émotions jusqu'à oublier parfois la réalité du quotidien : l'administratif, les règles, les contraintes...

COMMENT LA MANAGER ?
C'est une personne qu'on ne peut pas laisser seule, en roue libre au sein d'une entreprise. Elle a besoin d'un cadre pour lui mettre des limites sans pour autant l'empêcher de développer librement son imagination. C'est une personne idéale pour tous les postes liés à la création, le marketing ou la communication. Elle sera capable d'élaborer de superbes contenus ou produits. Il est important de toujours prendre en compte ses émotions, de l'écouter et de lui faire sentir que c'est une personne spéciale et unique. Pour la faire monter en compétence, il faut l'aider à gérer ses émotions et à se reconnecter parfois à la vie réelle.

Au sein d'une même équipe, il peut être intéressant d'associer une créative avec une perfectionniste qui apportera un peu de réalisme à ses idées.

Base 5. L'intellectuelle (alias Beth Harmon)

Une soif d'apprendre débordante et un besoin de tout observer, d'analyser pour mieux comprendre le monde dans lequel nous vivons. Vous voilà face à Beth Harmon.

SES FORCES : Cérébrale et cultivée, c'est un véritable puits de connaissance. C'est une personne qui met souvent sa réflexion et son expertise au service des autres, car c'est une taulière dans son domaine.

SES FAIBLESSES : Introvertie, à force de tout analyser, elle a tendance à se mettre en retrait. On pourrait croire que c'est une personne arrogante ou froide, alors que c'est souvent de la timidité.

COMMENT LA MANAGER ?
Il faut éviter d'envahir son intimité. C'est une personne qui adore résoudre des problèmes, mais qui a besoin de temps pour réfléchir, concevoir et développer les solutions. Les postes scientifiques sont d'ailleurs des métiers à privilégier.
C'est quelqu'un de visionnaire, donc n'hésitez pas à lui confier des tâches pour innover et élaborer des plans stratégiques.
Pour s'améliorer, poussez-la à sortir de son rôle d'observatrice pour passer à l'action et faire des pauses dans l'analyse.

Base 6. La loyale (alias Rory Gilmore)

Elle est reconnue pour ses valeurs de devoir, de justice et de loyauté. C'est la personne qui sera toujours là pour vous, dans les bons comme les mauvais moments.

SES FORCES : C'est une personne fiable sur qui l'on peut toujours compter. Engagée, elle est très impliquée dans ses projets de travail et ses relations ; elle est là pour le long terme.

SES FAIBLESSES : Parfois rigide, elle peut être un peu trop à cheval sur les règles et les protocoles.

COMMENT LA MANAGER ?
C'est une personne qui aime avoir une relation saine, authentique et transparente avec ses collaborateurs et managers. À l'inverse, elle peut se sentir critique envers une autorité qu'elle réprouve. C'est donc important de l'écouter pour qu'elle se sente en sécurité. Si c'est le cas, elle sera une personne digne de confiance pour vous épauler.

Vous pouvez vous appuyer sur elle pour diffuser, expliquer et défendre les valeurs de l'entreprise. Des postes de management sont donc à privilégier.

Base 7. L'optimiste (alias Phoebe Buffay)

Si vous êtes face à une personne toujours curieuse, de bonne humeur et optimiste face à toutes les situations, vous voilà face à une base 7, soit Phoebe Buffay.

SES FORCES : Chaleureuse, enjouée et débordante d'énergie, c'est un rayon de soleil qui illumine les journées.

SES FAIBLESSES : En quête perpétuel de nouveaux projets pour toujours stimuler ses plaisirs quotidiens, elle ne va pas souvent au bout des choses. Elle peut aussi avoir tendance à survoler les tâches et ne pas assez creuser ses sujets.

COMMENT LA MANAGER ?
C'est une personne excellente quand elle prend du plaisir. Il est donc important de la placer sur tous les nouveaux projets pour garder sa curiosité et sa motivation intactes et actives.
Des points réguliers sont tout de même à prévoir afin d'analyser l'avancement des projets et sentir qu'elle prend toujours du plaisir dans son travail.

Base 8. La leadeuse (alias Olivia Pope)

C'est une personne reconnue pour sa force, son courage, sa confiance en soi et son envie de conquérir le monde, à l'image d'Olivia Pope.

SES FORCES : Elle utilise sa puissance pour enfoncer toutes les portes fermées sur son chemin. Véritable bulldozer, elle n'a pas peur du « non » et de partir au combat. En plus, telle une véritable cheffe protectrice, elle utilise son énergie pour aider et non pour détruire.

SES FAIBLESSES : L'excès. Elle ne supporte pas la faiblesse et cela peut se faire ressentir dans sa communication avec les autres. Elle peut être trop brute, directe, parfois même agressive quand une situation lui déplaît.

COMMENT LA MANAGER ?
C'est une personne généralement entrepreneuse/intra-preneuse, car elle aime relever des défis. Autonome, vous pouvez lui confier tous les démarrages des nouveaux projets. Mais attention quand même, car elle aime aussi faire cavalier seul au sein d'une entreprise, il est donc important de bien établir la frontière entre autonomie et indépendance. Trop franche et directe, parfois avare en compliments, des formations en communication et assertivité (pensons à la communication non violente) lui seront utiles pour interagir avec tous les membres de l'équipe. Mais, pour s'adresser à elle, privilégiez une communication directe. C'est une personne qui doit aussi accepter ses faiblesses et entendre l'avis des autres pour avancer de manière constructive.

Base 9. La médiatrice (alias Piper Halliwell)

Si harmonie, calme et sérénité sont ses mantras et qu'elle véhicule des valeurs de bienveillance, vous voilà face à une base 9.

SES FORCES : Son ouverture d'esprit et sa tolérance. Grâce à elle, la vie semble douce et sereine. Elle fait tout pour arrondir les angles et apaiser les tensions. Elle a ce sens de l'écoute inégalé, cette faculté à comprendre et accepter les autres sans jugement.

SES FAIBLESSES : Elle déteste le conflit. Par conséquent, dans certaines situations, elle a du mal à faire un choix, de peur de blesser ou de provoquer des tensions.

COMMENT LA MANAGER ?
C'est la personne idéale pour animer des réunions/conférences/tables rondes. Elle saura faire émerger l'intelligence collective, sans jamais juger les idées proposées et en faisant participer tout le monde. Évitez cependant de la presser pour prendre des décisions, elle doit prendre son temps.

La marche du management réparée, vous voici bientôt à la dernière marche avant le sommet : celle du « succès » !

LAURE COHEN

« L'ennéagramme a révolutionné ma vie. Ce n'est pas seulement un outil que j'ai découvert dans mon parcours de développement personnel, il a eu un énorme impact sur mon quotidien. Il y a eu un avant et un après. Un avant où j'étais tout le temps en colère, où je ne comprenais pas les gens, où je ne comprenais pas le monde, où je me sentais inadaptée. Avec cet outil, ma vie a changé du tout au tout. Depuis, je n'ai plus la même vision du monde. Je comprends les autres, et mon empathie se développe de façon exponentielle.

L'ennéagramme est tout d'abord un super outil pour faire le point avec soi-même. Mais c'est aussi un excellent outil pour comprendre les autres. C'est comme un méga-lexique humain ! Et c'est très précieux.

Dans le management, il permet d'orienter les gens là où ils sont doués et d'arrêter de leur demander des choses qu'ils seront incapables de faire. »

10. La Clé de la réussite

Voilà, nous sommes arrivées au bout de notre voyage. Dernier arrêt : celui du succès. Terminus, tout le monde descend ! Mais attention, les portes ne s'ouvriront pas automatiquement. À vous de trouver la clé...

« Mais où est cette foutue clé ? »

J'imagine que vous vous êtes déjà retrouvée dans cette situation, devant la porte verrouilée de votre appartement, à vider littéralement TOUT votre sac à main ? Avec, en bonus, une envie très, très pressante ?

Eh bien, le succès et moi, c'est un peu la même chose. Une envie presque insurmontable de réussir, pourtant, j'avais beau fouiller pendant des heures, des mois, parfois même des années, je restais souvent bloquée face à la porte close.

Deux options s'offraient alors à moi.

Option 1 : Défoncer la porte. Clairement une façon de faire qui me ressemble, mais qui peut créer de sacrés dégâts.

Option 2 : Appeler un professionnel. Le serrurier. Cette personne capable de vous donner la clé de la réussite.

Cette fois-ci, j'avais décidé d'employer la méthode douce.

Durant ma carrière, j'ai eu la chance de rencontrer de nombreuses personnalités : des chanteuses, des humoristes, des comédiennes mais également des sportives, des cheffes d'entreprise ou encore des femmes politiques. Bref, des femmes de tous les horizons, qui avaient toutes pour point commun celui d'avoir « réussi ». Alors j'ai décidé de leur demander directement où elle était, cette foutue clé.

Comment ces femmes ont-elles passé le pas de la porte du succès ? Comment ont-elles mené leur carrière ? Comment se sont-elles construites ? Comment les événements de leur vie ont-ils fait d'elles les femmes qu'elles sont aujourd'hui ?

En côtoyant leur succès, j'espérais ainsi provoquer le mien et celui de ma communauté. En m'inspirant de leurs parcours, j'étais sûre de pouvoir tirer des leçons, des méthodes que chacun et chacune d'entre nous pourrait appliquer à son tour. En somme, l'idée était de fabriquer mon propre trousseau pour m'ouvrir, et vous ouvrir, toutes les portes du succès.

Pour percer ce mystère, j'ai décidé de poser systématiquement la même question à ces personnalités : **« Quelle est, selon vous, la clé de votre réussite ? »**

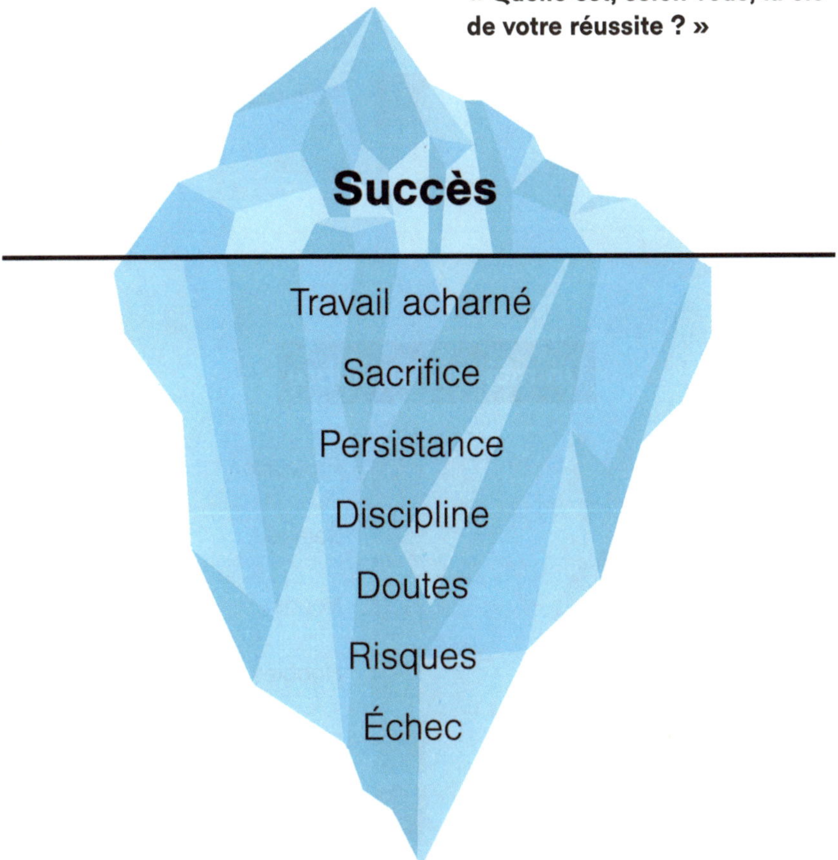

Surprise ! Les réponses étaient variées. Chacune d'entre elles a procédé différemment pour ouvrir cette satanée porte. Certaines l'ont décrochée, d'autres l'ont défoncée, quand quelques-unes l'ont juste laissée fermée, et sont carrément passées par la fenêtre ou par la cheminée !

Et ça, c'est plutôt rassurant. Autrement dit, si vous n'avez pas pris la même voie que votre amie auréolée de succès, ou encore celle de Queen B, Kamala Harris ou Sheryl Sandberg, cela ne signifie pas que vous ne pourrez pas réussir à votre manière.

La bonne nouvelle désormais annoncée, laissez-moi toutefois partager avec vous des éléments pour créer votre propre trousseau de la réussite.

Comment on nous apprend à mesurer le succès ?

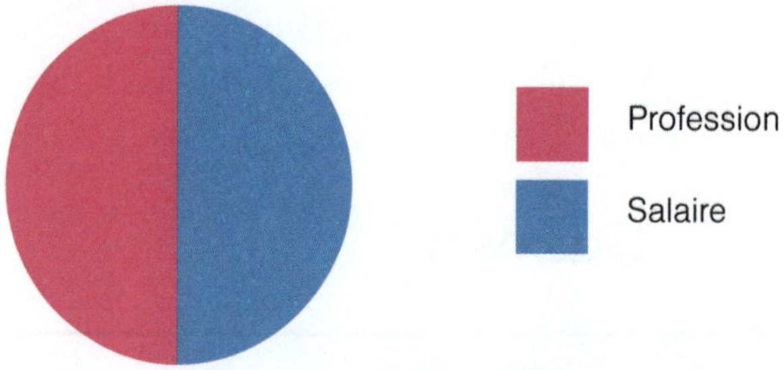

Un meilleur équilibre

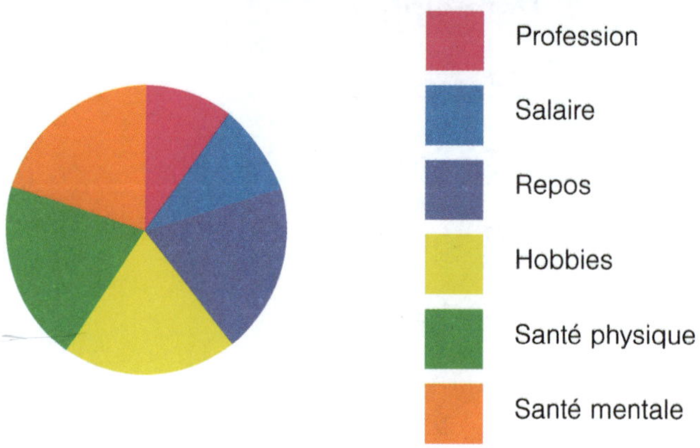

LES 5 CLÉS DU SUCCÈS

Clé 01
Travailler et persévérer
par Cristina Cordula

La clé de la réussite, ma chérie, ne tombe pas du ciel. La chance, il faut aller la chercher.
À travers mon vécu et mon histoire, je peux dire qu'il n'y a pas de secret ! Il faut bosser, bosser, bosser, bosser. Être disciplinée, faire un plan, un projet, un planning dans ta tête. Prévoir ton futur, le chemin pour l'atteindre et travailler très dur pour y arriver.
Moi, je voulais absolument être mannequin ; je me suis noté sur un papier toutes les qualités indispensables pour l'être, et j'ai travaillé très dur sur chacun des points. J'avais une vraie discipline : je ne faisais pas la fête, je dormais tôt, je faisais attention à ce que je mangeais, je prenais soin de moi… Et chaque fois, j'ai rencontré des obstacles parce que ça arrive toujours, je ne me suis pas découragée et je n'ai pas perdu confiance en moi - il faut persévérer ! Je me suis donnée à fond, il faut taper aux portes !
À Milan, on m'a fermé la porte ; à Paris, on me l'a ouverte. Si je n'avais pas persévéré, je serais retournée au Brésil et ma vie n'aurait pas été la même.

Clé 02
Bien s'entourer
par Justine Hutteau

La clé du succès, c'est être bien entouré dans le pro comme dans le perso. Il faut avoir un cercle proche bienveillant, et être capable de sortir les personnes nocives de ce cercle. Il ne faut pas perdre son énergie avec des personnes qui vous la prennent ou qui n'en valent pas la peine.
Je ne serais absolument pas là où j'en suis aujourd'hui sans mes proches et mes équipes. Ce sont elles qui m'ont permis d'avancer.
Notre cercle proche, ce sont nos fondations, et nos fondations, il faut qu'elles soient solides pour réussir à construire dessus !

LES 5 CLÉS DU SUCCÈS

Clé 03
Chercher à apporter de la valeur
par Louise Aubery

La clé de la réussite pour moi, en plus du travail, évidemment, c'est d'apporter de la valeur dans tout ce que vous faites. Ne pas chercher à faire comme les autres ou comme ce qui est tendance, mais vraiment apporter de la nouveauté, un regard frais, innovant et neuf. C'est comme ça qu'on arrive à se faire une place (et à changer les choses par la même occasion).

Clé 04
Être toujours dans l'apprentissage
par Laury Thilleman

La clé de la réussite, c'est d'être une éternelle débutante. Ne jamais se satisfaire de ce que l'on sait ou de ce que l'on a réussi à faire. Être constamment dans l'apprentissage, dans la découverte et dans l'émerveillement aussi. En réalité, c'est garder cette âme d'enfant qu'on a souvent tendance, en grandissant, à vouloir mettre sous le tapis. Ça aide à nous porter dans tous nos projets et à nous stimuler.

Clé 05
Faire tout ce que l'on fait avec générosité
par Clémentine Galey

C'est peut-être propre à mon cas, mais la clé de la réussite, c'est l'envie d'être avant tout dans la transmission et le soutien, mais sans jamais trop parler de moi.. Dans mon podcast, je suis là pour mettre en lumière une femme, une histoire, une trajectoire. Je me gomme au maximum, je ne ramène rien à moi, j'interviens très peu. Et c'est finalement en m'effaçant que j'ai eu le plus de visibilité. Tout ce que je fais, je le fais avec extrêmement de générosité et ça a toujours été payant. C'est mon conseil. J'ai toujours donné tout ce que je pouvais donner à ma communauté, que ce soit sur les réseaux sociaux ou durant mes spectacles, avec beaucoup de sincérité.

SOUVIENS-TOI QU'AUPARAVANT TU RÊVAIS D'ÊTRE LÀ OÙ TU ES MAINTENANT !

Mon petit trousseau de clés du succès désormais bien agrémenté des précieux conseils de mes invitées, je me suis posé une autre question, plus philosophique : qu'est-ce que « la réussite, le succès » ?

Toutes les femmes que je recevais avaient ce qu'on appelle « réussi dans la vie ». Job qui les passionne, train de vie à paillettes, reconnaissance et, pour certaines, une belle notoriété auprès du public (des femmes célèbres, quoi !).

Mais est-ce vraiment ça, le succès ? Aurais-je moi-même le sentiment d'avoir réussi en étant pleine aux as ? Aimée du grand public ? Ou encore reconnue par mes pairs ? Finalement, je me suis demandé si « réussir sa vie », c'était uniquement cette image préconçue que j'avais. Pour le savoir et en terminer avec mes tergiversations nocturnes, je me suis amusée à poser cette seconde question à mes invitées : **« Quelle est votre définition du succès ? »**

Dico boss ''Succès''

Sarah Yakan

« Le succès, c'est l'alignement. L'alignement avec ce que je suis, ce que je fais, ce que j'aime faire et ce que je gagne ! »

Kelly Massol

« Le succès, c'est dormir sur ses deux oreilles. C'est se coucher heureuse et dormir comme un bébé. Si c'est le cas, ça veut dire que vous avez réussi. »

Louise Aubery

« Le succès, c'est réussir à accomplir ce qui nous rend épanouie. C'est quand on est à l'endroit où on a envie d'être. Moi, je suis à l'endroit où j'ai envie d'être, pourtant j'ai du mal à dire que je suis quelqu'un qui "a du succès". J'ai une sorte de modestie, mais sincère, typiquement féminine, je pense. »

Hapsatou Sy

« C'est se regarder chaque matin dans le miroir et être fière de soi, fière de ce que l'on est et être en phase avec ses valeurs. »

Clémentine Galey

« Pour moi, le vrai succès, c'est réussir à se regarder dans le miroir chaque matin, bomber le torse et se dire : "Je suis au bon endroit, au bon moment ! Je suis alignée avec mon moi profond, et ce en quoi je crois, j'ai réussi à en faire quelque chose qui rayonne pour d'autres." Je considère donc que mon projet Bliss est un succès ! »

Carole Juge-Llewellyn

« Le succès, c'est quand tu es fière de ce que tu fais et quand ton existence a permis d'amener un truc cool dans la vie des autres. »

Julie Chapon

« Le succès, la réussite, c'est avoir un impact positif sur l'autre, sur le monde. Mon succès, c'est quand on n'aura plus besoin de Yuka en France, car les produits seront tous sains ! »

Axelle Aimé et Dorothée Rubinski

« Le succès n'est pas une fin en soi, il va appeler un autre challenge. Il y a quelque chose de très éphémère dans le succès et de très addictif aussi. De toujours vouloir faire mieux, de vouloir faire plus. Un succès va toujours précéder, au mieux, un autre succès, au pire, un échec, qui sera en réalité un apprentissage pour atteindre le prochain succès. »

Justine Hutteau

« Le succès, c'est cocher une case. Mais quand tu la coches, il y en a plein d'autres qui arrivent derrière. Ça peut être sans fin. Alors, il faut être capable de se poser un moment, de regarder derrière soi et de se dire : "Voilà tout ce que j'ai accompli, est-ce que j'en suis fière ou pas ?" La réponse est souvent oui, donc on a réussi ! Même si on a encore plus d'ambition pour la suite. »

Laure Cohen

« Pour moi, la vraie réussite, c'est d'être là où on veut être. Être alignée avec ses valeurs, faire ce que l'on aime et faire du bien aux autres. Je pense que j'ai réussi ! Alors qu'aux yeux de certaines autres personnes, avec leurs critères de réussite, j'ai tout foiré ! J'ai eu une vie hyper rock'n'roll, je n'ai pas fait d'études, je n'ai pas le bac, je ne suis pas mariée... En matière de réussite, à travers le prisme de n'importe qui, je suis en échec total ! Pourtant, je remercie chaque jour la vie pour ce que j'ai déjà. Il ne faut pas oublier de regarder ce que l'on a, de le protéger et d'en prendre soin. Moi, je suis vraiment à la bonne place, je suis avec la bonne personne, dans le bon travail, avec mes enfants. C'est un équilibre fragile et que l'on doit choyer avant d'aller chercher autre chose. »

S'il y a une chose à retenir de ces définitions, c'est que le succès :

est multiple ;

est propre à chacun et chacune ;

ne dépend pas du regard, de l'avis des autres ;

ne dépend pas de son métier ni de ses diplômes ;

ne dépend pas d'un salaire ;

ne se trouve pas uniquement dans l'accomplissement professionnel.

Comment mes objectifs ont changé

Me marier ~~avant 30 ans~~
quand je serais prête et si j'en ressens l'envie

Prendre ma retraite avec ~~des millions~~
des souvenirs

Avoir un emploi ~~bien rémunéré~~
qui me passionne

Être ~~la meilleure~~
moi-même

Rendre mes parents fiers ~~en réussisant~~
étant heureuse

Trouver un ~~joli partenaire~~
quelqu'un avec qui je suis connectée

Vivre ~~longtemps~~
de manière épanouie

C'est sur ce dernier point que j'aimerais conclure ce chapitre. Dans notre société, guidée par la valeur du travail, on pense souvent que « succès » rime avec « carrière ». En tout cas, moi, j'étais en plein là-dedans !

Je me suis toujours fixé un seul but, celui que j'ai dénommé le « Business first ». Mon plan de vie, c'était « d'abord, je réussis ma carrière, et après on voit ». Le bonheur se trouvait forcément dans mon job, et surtout dans le succès de mon job.

JE SAIS MAINTENANT QUE LA VIE, C'EST COMME LE SYSTÈME SOLAIRE.

Il faut l'admettre : je me trompais. Les années passées et plein d'autres petites choses étant arrivées (ou nées !), je sais désormais que la vie, c'est comme le système solaire. Chaque planète qui la compose est importante. Et des planètes du système Melody, il y en a une ribambelle : la famille, les amis, les amours, les em******. Ah non, pardon, je m'éloigne du sujet. Mais vous les connaissez, ces planètes : ce sont toutes ces choses importantes dans notre vie.

La réussite et le succès ne se trouvent pas uniquement dans l'accomplissement professionnel, mais plutôt dans l'alignement parfait de toutes nos planètes. Avoir un boulot ultra bien rémunéré, c'est bien, mais si c'est pour passer sa vie au bureau et manquer la croissance de ses enfants ou ne pas vivre sa propre vie, je trouve ça triste.

Réussir, c'est avant tout être heureuse et accéder à un équilibre intérieur, quoi que l'on fasse. Finalement, le succès, c'est se réaliser en tant que personne. Une leçon que j'ai apprise et à ne jamais oublier et à transmettre !

C'est quoi la réussite pour toi ?
Suis moi, je vais te montrer !
Pour moi la réussite est équivalente à une galaxie composée de différentes planètes…
Mon couple
Mes ami.e.s
Mes hobbies
Mes passions
Ma famille
Il y en a beaucoup…
Ma carrière
et elles sont toutes importantes pour moi !
Merci de m'avoir expliqué, je comprends mieux !

Que dirais-tu à ton toi plus jeune ?

Laury Thilleman

Ça va aller, ne sois pas trop pressée, trop impatiente. Tu vas faire des choses cool dans ta vie. Ne t'épuise pas à vouloir sans cesse satisfaire les autres, satisfais-toi de ce que tu as, de ce que tu fais et, surtout, n'oublie pas de vivre !

Cristina Cordula

Tu as très bien fait, ma chérie, ne change rien ! Tout ce que tu vas vivre va te faire grandir ! Mes parents ont divorcé quand j'avais 15 ans, dans les années 1970, au Brésil, un pays catholique. Ça ne se faisait pas du tout à l'époque ! Ça a été très difficile, car à l'école, j'étais la première enfant à avoir des parents divorcés. J'ai perdu mon frère. J'avais 19 ans, il en avait 18 ans. Deux ans après, j'ai quitté mes parents et mon pays pour tenter ma carrière de mannequin international en Europe et réaliser mon rêve. Je me suis retrouvée seule. Mais tout ce que j'ai fait et traversé dans ma vie, ça m'a donné du courage. Et dans la vie, avoir du courage est essentiel !

Lalaa Misaki

Ne change rien ! On m'a toujours appelée « la petite teigne », mais finalement ce côté revanchard m'a donné la niaque dans la vie. Pour moi, il n'y a pas de « non ». Quand on me dit non, ça me donne encore plus envie de me battre et de me dépasser. Je dirais à ma petite Lalaa : Tu as bien fait de ne jamais lâcher l'affaire et de ne pas écouter les gens ! Tes rêves sont les tiens et personne n'a son mot à dire dessus. Je suis contente de les avoir réalisés et j'en ai encore plein d'autres !

Julie Chapon

Prends le temps ! Réfléchis à ce que tu as envie de faire, ce qui te plaît, ce qui te passionne vraiment. Ne te laisse pas influencer par ce que l'on te dit de faire et ce qui est censé « être le mieux pour toi ». Le mieux pour toi, il n'y a que toi qui peut le savoir ! Je lui dirais ça, car finalement c'est quelque chose que je n'ai jamais fait, prendre le temps de m'écouter au lieu d'écouter les autres.

Justine Hutteau

Saisis toutes les opportunités ! Je n'avais pas conscience de ce que pouvaient m'apporter des rencontres, des voyages, des moments de vie… De l'ouverture d'esprit que ça allait provoquer.

Émilie Daudin

Accroche-toi, ma grande ! Un bon paquet de merde va t'arriver ! Plus sérieusement, je lui dirais que c'est une battante, de se faire confiance parce qu'on a toutes en nous des ressources incroyables quand des choses difficiles arrivent. C'est dans l'adversité qu'on se découvre, qu'on apprend à se connaître. C'est comme une renaissance. Et de ne pas oublier de foncer, de s'accrocher à l'avenir. La vie n'est pas facile, mais derrière chaque épreuve, il y a de magnifiques récompenses.

Axelle Aimé et Dorothée Rubinski

Lorsqu'on n'a jamais échoué, c'est qu'on n'a jamais eu le courage de prendre des risques, alors prends des risques et n'aie pas peur de l'échec, car c'est l'audace qui te mènera à la réussite.

Clémentine Galey

Sors de ta coquille un peu plus tôt ! Aie confiance en toi ! Sois plus aventurière, audacieuse ! Tout le monde peut arriver à aller aux bouts de ses envies, alors pourquoi pas toi ? Moi, j'ai été pendant longtemps dans une position d'enfant sage, toujours en train de faire bien les choses pour qu'on soit fier de moi... Et j'ai mis du temps à comprendre que je pouvais faire les choses par et pour moi-même et que j'en étais capable !

CHALLENGE

Et vous, que diriez-vous à votre vous plus jeune ?

....

....

....

....

....

....

....

....

....

Lettre à mon moi plus jeune

Ma petite moi,

Arrête d'avoir aussi peur de déranger. De parler. De te faire remarquer. Tu verras, c'est typiquement féminin. Ne te cache pas. Bombe le torse, prends de l'espace. Sois une Wonder Woman. Tu as des choses importantes à dire. Fais entendre ta voix et rugis s'il le faut ! Dans la vie, il faut aller chercher sa place.
Concentre-toi sur le positif. Toujours. Ne regarde pas ce qu'il se passe ailleurs. Je sais, ce sera compliqué dans ton monde ultraconnecté. Mais construis ton propre chemin, ton propre empire. Ton propre royaume. Tu es une Queen ! Et même si tout va si vite, va toujours à ton rythme. La vie n'est pas une course.
Garde un esprit et un cœur ouverts. Fais preuve de respect, de tolérance, de bienveillance et d'empathie envers les autres. Ne les juge pas. Ne les critique pas. Ne les brime pas. La vie est loin d'être facile pour tout le monde.
Aime, commente, partage, échange, rigole ! Entoure-toi ! De ta famille, de tes amis. Certains seront de passage, d'autres pour la vie. Mais chacune de ces rencontres construira celle que tu vas devenir. Et crois-moi, elle n'est pas mal du tout.
Voyage. Le plus possible. Explore. Sois une aventurière. Découvre notre monde et protège-le, autant que tu peux. Il est fragile. Si fragile.
N'aie jamais peur de la solitude. Sois ta meilleure compagnie. Dans le silence, reconnecte-toi à tes valeurs. Fais le point sur tes envies, tes besoins, tes aspirations. Écoute-toi ! Toujours !
Puis, trouve ce qui te motive. Te chatouille le cœur. Et rêve. Beaucoup, beaucoup. Fais des plans, aie des projets. Réalise-les ! Ne crains pas de devenir la femme que tu rêves d'être. Tu vas flipper. C'est normal. Mais fais de tes peurs un moteur.
Tu vas échouer, tu vas tomber. C'est toujours le cas. Mais ce n'est pas grave ! Relève-toi. Trouve la force de recommencer. Et prends le temps de célébrer tes échecs comme tes succès.
Vise loin. Tire fort ! N'aie pas honte de tes ambitions. Embrasse-les, affirme-les !
Travaille. Apprends. Dur. Sans relâche. Puis travaille encore. Apprends encore. Le savoir est une arme, l'expérience un bouclier.
Être une fille, bientôt une femme dans cette société, sera à la fois ton pire et ton meilleur allié. Alors explose-nous ce plafond de verre et/ou de mère ! Pulvérise-nous ces inégalités !

Surtout, fais confiance à tes tripes. Elles seront ta boussole dans la vie. Ne laisse jamais personne te faire croire qu'elles déraillent. Jamais. Des erreurs ? Oui, tu vas en faire un paquet ! Mais comme tout le monde. Ce n'est pas grave. Tu es humaine. Admets-les. Répare-les, même si c'est difficile.
Ne rentre pas dans des cases. Construis la tienne ! Façonne-la à ton image.
Fais ce que tu veux. Porte ce que tu veux. Dis ce que tu veux. Ne te censure pas. Ne succombe surtout pas aux diktats.
La vie, tu verras, ce sont des hauts, des bas. Tu seras déçue, parfois trahie. Tu vas faire du mal, toi aussi. Et tu devras certainement surmonter l'insurmontable. Mais tu en es capable.
Tu verras, tu soulèveras des montagnes. Et tu seras heureuse. Oui, très heureuse.
Ne te délaisse pas. Écoute-toi. Ménage-toi. Félicite-toi. Prends soin de toi. Tu es précieuse. Tu es importante.
Ne laisse jamais la critique t'atteindre, à part si elle est constructive. Car tu ne seras jamais assez bien aux yeux des autres de toute façon. Ta valeur ne réside pas dans leur jugement. Ne cherche pas de validation extérieure, elle est en toi. Apprends à aimer celle que tu es, parce que tu le mérites.

Mais n'oublie surtout pas de t'amuser, bordel ! Ne grandis pas trop vite. Fais des bêtises. Des grosses, des petites. Tout ce qui te passe par la tête ! J'en ai fait des bien pires. Crois-moi. Mais les folies sont les choses qu'on ne regrette jamais dans une vie. Alors profite ! À fond. Tu as tout le temps pour devenir responsable. Et un jour, peut-être, qui sait... devenir mère. Uniquement si tu le souhaites.
Et surtout, vraiment surtout : AIME ! Fort. Encore plus fort. Démesurément, même ! Qui tu veux. Quand tu veux. Où tu veux. Personne n'a le droit de décider pour toi qui tu dois aimer ou non. C'est ton choix. C'est ton cœur. Suis-le.
À toi d'écrire ton propre chapitre. Puis, page après page, le livre de ta vie.

La symphonie des remerciements

Ce livre est plus qu'un ballet de mots et d'idées, c'est une danse partagée avec toutes celles et tous ceux qui ont contribué à cette œuvre.

Un grand merci à mon mari, David, mon partenaire fidèle dans la valse de la vie. Il est le pilier qui m'aide à rester en équilibre, à me relever après une chute et qui m'encourage à accomplir mes pas les plus audacieux. Merci de croire en moi et de m'offrir l'espace pour réaliser mes plus grandes pirouettes.

À mes filles, Lily et Georgia, et à notre petite étoile qui se prépare à rejoindre notre *girls band*. Vous êtes ma force, mon énergie, le moteur qui me pousse à me surpasser. Chaque projet, chaque effort, chaque rêve est dédié à votre bonheur et à la construction d'un monde où tout sera possible pour vous.

À mes parents, Dominique et Gilles. Vous avez su équilibrer ma vie avec vos forces opposées, mais complémentaires. Grâce à vous, j'ai trouvé mon propre rythme, une belle harmonie. Et évidemment à notre grandiose famille Madar et à ma mère de cœur, Soussou. Je ne serais pas la Melody que je suis sans vous, sans vos rires, sans vos blagues, sans votre folie. Sans oublier la rock star de notre famille, notre grand-mère Monette. La cheffe d'orchestre de cette magnifique symphonie familiale. Celle qui a toujours su nous réunir et nous transmettre un amour qui transcende les générations. Ma plus grande tristesse aujourd'hui est de ne pas pouvoir te voir lire ce livre... Mais ne t'inquiète pas, ici, on est plus proches que jamais et on continue de perpétuer tout ce que tu nous as inculqué.

Sur la scène professionnelle, je tiens à rendre un vibrant hommage à Madeleine Massin, l'artiste qui a su traduire mes pensées en images avec tant de talent et de dévouement. Ce livre est le fruit de notre duo. Sans elle et ses coups de stylo magiques, il n'aurait jamais pu prendre vie. Cet ouvrage, c'est autant ton succès que le mien. Et aux femmes extraordinaires de l'équipe des Éclaireuses – Anaïs, Emma, Florina, Salomé, Elsa, Noémie, Juliette, Ilona, Chloé et bien d'autres – qui m'ont aidée à le chorégraphier grâce à leur savoir-faire, leur expertise et leurs tourbillons créatifs.

En coulisses, il y a la maison d'édition Fayard et son trio de ballerines littéraires – Isabelle Saporta, Iris Neron-Bancel, et Margaux Russo. Ensemble, nous avons composé la partition de ce livre. Chaque répétition, chaque essai était un mouvement vers cette grande première. Merci d'avoir partagé cette danse à travers l'inconnu avec moi.

Mon hommage le plus sincère aux femmes courageuses qui ont accepté de partager leurs expériences, leurs triomphes comme leurs faux pas dans ces pages pour inspirer et donner de l'élan à d'autres. Vous êtes le cœur battant de ce projet.

Enfin, une standing ovation pour vous, nos lectrices, nos fidèles spectatrices engagées dans cette folle danse depuis huit années. Sans votre soutien, vos applaudissements, ce livre n'aurait jamais levé le rideau. À toutes et à tous, du plus profond de mon cœur, je vous dédie ce magnifique salut final. Merci.

Hatier s'engage pour l'environnement en réduisant l'empreinte carbone de ses livres. Celle de cet exemplaire est de : 1.1 kg éq. CO_2
Rendez-vous sur www.hatier-durable.fr

PAPIER À BASE DE FIBRES CERTIFIÉES

49.1936.2/01

Achevé d'imprimer en août 2023
par l'Imprimerie de Champagne, ZI Les Franchises à Langres (52) — France